어린이 생태학 ①

초판 1쇄 발행 | 1994년 7월 30일
초판 23쇄 발행 | 2011년 4월 20일

글쓴이 | 최형선
그린이 | 최달수
펴낸이 | 조미현

인쇄 | 영프린팅
제책 | 쌍용제책사

펴낸곳 | (주)현암사
등록 | 1951년 12월 24일 · 제10-126호
주소 | 121-839 서울시 마포구 서교동 481-12
전화 | 365-5051 · 팩스 | 313-2729
전자우편 | child@hyeonamsa.com
홈페이지 | www.hyeonamsa.com

ⓒ 최형선 · 1994

*잘못된 책은 바꾸어 드립니다. 책값은 뒤표지에 있습니다.
*지은이와 협의하여 인지를 생략합니다.

ISBN 978-89-323-0560-8 74470
ISBN 978-89-323-0559-2 (전2권)

어린이 생태학

1

실험과 함께 읽는
어린이 생태학

최형선 글
최달수 그림

현암사

건강한 지구와 밝은 내일을 위하여

지금도 지구에서는 많은 생물들이 사라지고 있습니다. 환경이 나빠져 생태계가 파괴되고 있기 때문입니다.

사람들은 야생 상태에 반대되는 세계를 만들어 가면서 자연 환경을 개발하여 인공 환경을 만들어 가지요. 이런 일들은 야생 생물들이 먹이나 살 장소를 잃게 할 뿐 아니라 질병을 이겨 내는 힘마저 약해지게 만들어 야생 생물을 떼죽음시키고 있습니다. 갑자기 오염 물질이 들어간 것도 아닌데 물고기가 떼죽음하여 물 위로 떠오르고, 동물들이나 식물들이 죽어 가는 것은 나빠진 환경에서 더 이상 살아갈 힘을 잃었기 때문입니다. 많은 생물들이 살 수 없는 환경에서 사람들도 살 수 없습니다.

여러 분들의 환경은 어떻습니까? 여러 분은 맑은 공기를 마시며 마음껏 뛰어 놀고 있습니까? 키도 크고 살이 찐 만큼 병도 잘 이겨 냅니까? 공격적이고 화를 잘 내는 성격으로 바뀌어 있지는 않습니까? 생태계에는 환경의 압력이 거세지면 같은 생물 종끼리 서로 공격하면서 사라지는 종들이 많이 있습니다. 우리 인간도 지금 그런 위험에 처했어요.

오늘 우리가 살고 있는 시대는 신생대의 홀로세라고 불립니다. 홀로세에서 가장 번창한 생물 종은 바로 사람입니다.

옛날 중생대라는 시기에는 공룡이 지구 전체에 살았습니다. 그러나 공룡은 변화된 환경에 적응하지 못하고 모두 사라졌습니다. 홀로세의 사람들은 환경을 너무 많이 변화시켜 스스로 위기에 몰리고 있습니다. 마치 중생대에 갑자기 사라져간 공룡처럼 인간도 갑자기 사라질지도 모릅니다.

미래는 어린이 여러 분의 세계입니다. 여러 분의 세계를 건강하고 밝게 이끌기 위해서는 우리의 생태계가 어떻게 이루어졌으며 어떻게 발달해 가는가를 올바르게 알아야 합니다.

그리고 파괴되고 손상된 생태계를 바로잡기 위해서는 어린이 여러 분의 작은 관심과 노력이 필요합니다.

생태계를 제대로 이해한다면 환경 문제에 대한 적절한 대책을 세울 수 있고 우리 자신도 보호할 수 있습니다.

이 책 속에 그러한 관심의 출발이 들어 있습니다.

땅과 물과 공기 그리고 이 모든 자연은 우리의 공동 유산입니다. 생태계가 갖는 질서를 보존하고 자연과 함께 살고자 노력하여 사람들이 지구에서 건강하고 평화롭게 살아가야겠습니다.

글쓴이 최형선

차례

제1부 우리 생태계

- 나는 어디에 있을까요? — 11
- 지구는 언제 어떻게 생겼을까요? — 17
- 나는 무엇일까요? — 23
- 나는 누구일까요? — 28
- 생태계란 무엇일까요? — 33
- 생태계의 조화와 균형 — 38
- 생태계는 어떻게 질서를 이룰까요? — 45
- 에너지는 흐릅니다 — 47
- 돌고 돕니다 — 55
- 생태계는 스스로 작용을 합니다 — 59
- 자연에는 한계가 있습니다 — 65
- 생명 공간이 줄어들고 있습니다 — 70
- 생태계는 늘 바뀝니다 — 79
- 생물의 반응 — 84
- 생물과 환경은 서로 영향을 주고받습니다 — 93
- 생태계가 생겨나서 사라지기까지 — 103
- 생태계의 생산성 — 111
- 생태계에서 살아 남으려면 — 116

생물은 서로 작용을 합니다	122
생물도 서로 의사를 전달합니다	129
생물은 환경에 따라 변합니다	134
생태형	138
지구 생태계 안의 여러 생태계	144
도시 생태계	151
사람은 스스로 가축이 되려고 합니다	159
사람이 너무 많아요	164
생물의 종류가 바뀌어 갑니다	177
생물 종이 사라지고 있어요	186
생태계에 섬이 많아지고 있어요	201
생물 종을 보존합시다	209

제2부 재미있는 실험

생태계는 한계가 있습니다	220
생물은 사람의 간섭을 싫어해요	223
흙을 파괴시키면 우리가 피해를 입습니다	225
흙 속에도 생물이 많이 있어요	228
발달된 생태계는 우리를 보호해 줍니다	231

제1부 우리 생태계

나는 어디에 있을까요?

나는 지구라는 거대한 우주선을 타고 우주 공간을 비행하고 있습니다. 지구는 매우 빨리 날고 있지만 지구에서 사는 우리는 그 속도를 느끼지 못합니다.

나는 지구 위의 한반도에서 살고 있습니다. 지구는 드넓은 우주 공간에서 반짝이는 생명의 별입니다. 작지만 아름다운 별이지요.

우주에는 지구와 같은 별이 많이 있습니다. 그러나 아직까지 다른 별에서는 생물이 발견된 적이 없습니다.

생물이 살아가려면 에너지가 필요합니다. 지구는 필요한 에너지를 태양에서 얻고, 쓸모없는 에너지는 우주 공간으로 내보냅니다.

달에서 보면 지구는 푸르스름하게 빛납니다. 그러나 지구는 스스로 빛을 내지 못합니다. 지구가 빛나는 것은 태양에서 오는 빛을 반사하기 때문입니다.

우리가 살고 있는 지구는 광활한 우주의 한 부분인 태양계에 속해 있습니다. 태양의 주위를 도는 지구와 같은 별을 행성이라고 합니다. 지구의 이웃 별인 수성·금성·화성·목성 따위도 모두 행성이지요.

태양은 많은 양의 에너지를 만들며 스스로 빛을 내는 항성입니다. 태양계의 중심인 태양은 엄청난 중력으로 별을 이끌고 있습니다.

태양계는 얼마나 클까요?

보이저 2호는 초속 11킬로미터로 날아가는 우주선입니다. 그 보이저 2호가 천왕성 곁에 닿은 것은 1986년의 일

입니다. 지구에서 떠난 지 8년 5개월 만이지요. 해왕성 곁은 1989년에 닿았으니 거기까지 12년이나 걸린 셈입니다.

태양계는 이렇게 어마어마하게 큽니다.

1993년에 지구의 몇몇 과학자는 태양계 변두리에서 열 번째 행성을 찾아 냈습니다. 그 전에는 명왕성이 태양계의 끄트머리 행성인 줄 알았지요.

태양계가 속한 우주를 생각해 봅시다. 태양이 속해 있는 우주를 은하 우주라고 합니다.

은하 우주에는 태양과 같은 항성이 무려 2000억 개쯤 있습니다. 대부분의 항성은 별을 거느리지만 간혹 혼자인 항성도 있습니다. 이처럼 혼자인 항성을 빼도 행성을 거느린 우주는 200억 개가 넘습니다.

은하 우주는 대우주에 속해 있습니다. 대우주 안에는 은하 우주와 같은 소우주가 셀 수 없이 많습니다. 우주는 상상할 수 없을 만큼 큽니다.

우리 눈에 보이는 별 중에는 세상에서 가장 빠르다고 하는 빛의 속도로 수십 년이나 수백 년 걸리는 거리에 있는 별도 여럿입니다. 그 별에서 나온 빛이 수십 년, 수백 년이 지나 우리 눈에 보이는 것입니다.

천체 망원경으로는 빛의 속도로 수억 년 걸리는 별도 볼

수 있어요. 빛은 1초에 30만 킬로미터쯤 갑니다.

우주 비행사들이 아폴로 호를 타고 다녀온 달까지의 거리는 빛의 속도로 1.3초밖에 걸리지 않습니다. 빛의 속도로 가면 태양까지는 8분쯤 걸립니다. 그러니 우리 눈에 보이는 별만 해도 얼마나 먼 거리에 있는지 상상이 가지요?

우리가 보고 있는 별은 그 별의 과거입니다. 만약 그 별이 빛의 속도로 100년쯤 걸리는 곳에 있다면 어떻겠어요? 지구에서 사는 우리는 그 별에서 100년 전에 떠난 빛을 이제야 보는 셈입니다. 어떤 별은 눈에는 보이지만 이미 사라졌을지도 모릅니다.

태양계의 여러 행성 중에서 지구말고 다른 곳에는 생물이 없는 것 같습니다. 사람은 아직 지구 밖에서 생물을 찾지 못했습니다.

생물체가 있는 것이 확인된 별은 오로지 지구뿐입니다. 지구는 우주의 오아시스 별입니다.

그러나 우주에는 항성과 행성이 수두룩합니다. 그 많은 별 중에는 어쩌면 생명체가 살기에 지구보다 더 좋은 환경을 갖춘 곳도 있을지 모릅니다.

다른 별에 생물이 없다고 잘라 말하기는 어렵습니다. 그래서 지구의 어느 천문 기지에서는 혹시 외계의 생물과 연락이 닿을까 싶어서 우주 공간으로 전파를 띄우고 있습니다.

공상 과학 영화에 나오는 것처럼 외계인이 지구에 온다면, 그 외계인이 살던 별의 과학 문명은 지구보다 훨씬 발달했을 테고, 그 외계인은 우리보다 지능이 훨씬 높을 것입니다. 왜냐 하면 빛의 속도보다 빠른 속도로 우주 공간을 달려왔을 테니까요.

우주 공간에서 지구의 크기는 방 안에 떠다니는 먼지보다 작습니다.

우주에 있는 모든 별은 그 나름의 질서에 따라 움직이는 듯합니다. 태초의 우주는 모든 물질과 공간이 하나의 점으로 모여 있다가 폭발되어 팽창한(빅 뱅) 후 지금도 팽창하고 있는데, 앞으로도 100억 년 동안은 계속 팽창할 것이라고 합니다.

지구는 언제 어떻게 생겼을까요?

지구의 나이는 몇 살일까요? 사람이 지구의 나이를 알게 된 것은 100년 정도밖에 되지 않아요.

지구의 나이를 알아내는 방법에는 두 가지가 있습니다. 하나는 화석이나 지층이 쌓인 순서를 살펴보는 방법이고, 다른 하나는 암석 표면에 있는 방사성 동위 원소의 양을 재는 방법입니다.

지구에 떨어진 운석이나 달에서 가져온 돌멩이, 화성의 돌멩이를 분석하여 그 안에 포함되어 있는 우라늄에 대한 납의 양을 계산하였더니 모두 똑같이 46억 년으로 측정되었어요.

따라서 태양계의 여러 별은 46억 년 전쯤 지구와 거의 동시에 생겨난 것으로 추측됩니다.

우주 공간에는 별들이 있고, 별과 별 사이는 텅 비어 있습니다. 그 빈 곳을 진공이라고 하는데, 엄밀히 말하면 원자들이 아주 조금밖에 없어서 원자와 원자 사이가 비어 있는 것이지요.

 우주 공간에는 미는 힘과 당기는 힘이 함께 작용합니다. 또 거기에는 수소를 비롯한 여러 물질이 모여서 이루어진 우주 구름도 있습니다.

 태양은 50억 년 전쯤에 은하계의 구석으로 흐르던 우주 구름에서 생겨났습니다.

 태양이 생기자 그 둘레로 가스와 우주 먼지가 퍼져 나갔고, 우주 먼지는 서로 부딪치면서 뭉쳐졌습니다.

 먼지 덩이는 점점 커지면서 중력이 증가되었고, 구성 입자들은 촘촘해지면서 압축되었어요. 이렇게 단열 압축되면 많은 열이 납니다.
 별은 온도가 매우 높은 상태에서 생겨납니다. 지구도 마찬가지였어요. 지구가 이만한 덩어리로 된 것은 46억 년 전쯤입니다.
 철이나 니켈과 같은 무거운 원자는 지구 중심부에 모였고, 칼슘·알루미늄·황·인 따위는 지구 표면을 만들었으며, 탄소·수소·산소·질소와 같은 가벼운 원자는 지구 표면에 머물러 대기가 되었습니다.
 지구가 처음 생겨났을 때에는 워낙 뜨거워서 원자들이 결합하지 못했습니다.

그러다가 압축되었던 상태가 안정되면서 차츰 기온이 내려가자 원자들은 결합하기 시작했어요.

메탄·암모니아·수소 분자 그리고 수증기가 원시 지구의 대기를 형성하였던 것입니다.

지구와 달은 거의 동시에 생겨났습니다.

지구는 모든 것이 쉴 새 없이 움직이고 변해 가는 생명의 별입니다. 지구에 비하면 달은 고요하기 짝이 없는 곳입니다.

우주 공간에서 보면 지구는 물에 젖은 별입니다. 물이 없으면 생명체는 살지 못합니다. 모든 생명 현상은 물 속에서 이루어지니까요. 달에는 물이 없으므로 생물이 살 수 없습니다.

지구에 생명체가 나타난 것은 30억 년 전쯤입니다. 그 이후 지구에서는 생물이 번성하면서 끊임없이 진화해 왔습니다.

그러나 달에는 30억 년 전에 놓인 돌멩이가 바람이나 물에 침식된 자취 없이 그대로 있습니다.

아폴로 우주 비행사가 달 표면에 낸 발자국은 수천만 년이 흘러도 지워지지 않을 것입니다. 달은 먼지가 없다시피 한 곳이기 때문입니다.

　달의 끌어당기는 힘(인력)은 지구의 바다에서 밀물과 썰물 현상을 일으킵니다. 그 힘은 사람의 신체나 정신 리듬에도 작용한다고 합니다.
　새끼를 배려고 동물의 암수가 짝을 짓는 것도 달이 차고 기우는 변화와 관련이 있다고 합니다. 이처럼 달은 지구에 많은 영향을 줍니다.
　사람은 1969년에 달에 첫발을 디디었습니다. 그 이후 이런저런 연구가 이루어지면서 달이 태양계의 수수께끼를 푸는 일에 중요한 별 중의 하나임을 알게 되었습니다.
　왜냐 하면 달은 수십억 년 동안 변함없이 태양계의 역사를 간직하고 있으니까요.

　달의 중력은 지구의 6분의 1밖에 되지 않습니다. 그래서 달에서는 무거운 물건을 힘들이지 않고 움직일 수 있습니다. 워낙 중력이 약해서 기체를 붙잡아 둘 만한 힘조차 없으므로 달에는 대기층이 없습니다.

　그 바람에 달은 낮에는 영상 134도까지 올라가고, 밤에는 영하 170도까지 내려갈 만큼 기온차가 큽니다. 또 우주 공간에서 쏟아져 들어오는 해로운 방사선을 막아 내지 못하므로 거기에서는 생물체가 살 수 없습니다.

　사람은 달처럼 중력이 약한 곳에 오래 있으면 뼈와 근육이 약해집니다. 그러므로 비좁아진 지구 공간을 벗어나서 달나라로 가려면 치밀한 계획을 세워야 합니다.

　과학 문명이 발달하다 보면 사람이 달에 가서 살 수 있게 될 날도 오기는 할 것입니다. 그러나 사람을 비롯한 생물이 살아가기 어려운 달의 여러 조건으로 말미암아 그 진출은 극히 제한되고 작은 규모로 이루어질 수밖에 없을 것입니다.

　사람이 가장 살기 좋은 별은 말할 나위 없이 지구입니다. 사람은 지구라는 공간을 벗어나기 힘듭니다. 그러니까 더욱 지구를 아끼고 보살펴야 하겠지요.

나는 무엇일까요?

나는 살아서 움직이는 생물입니다.
내가 움직이는 것은 돌멩이가 굴러가거나 낙엽이 굴러가는 것과는 다릅니다. 나의 몸은 정말 복잡하고 정교한 체계를 갖추고 있습니다.
나는 밥도 먹고 반찬도 먹습니다. 그런데 내가 먹은 음식과 몸에서 나온 배설물은 아주 다른 물질이지요.
내가 먹은 음식물은 잠재 에너지입니다. 그 에너지는 활동에 곧바로 이용되지 못합니다.
음식물은 소화 작용을 거치면서 잘게 나누어집니다. 그런 다음에 가장 간단한 유기물 형태로 바뀌어 핏속에 들어갑니다.
분해된 양분 자체가 우리의 활동에 쓰이는 에너지는 아닙니다. 양분을 우리가 쓸 수 있는 에너지로 바꾸는 일은 몸의 세포가 합니다.
세포는 생물체를 이루는 기본 단위입니다. 세포 하나로

된 생물도 있지만, 사람의 몸은 숱한 세포로 되어 있어요. 우리 몸의 모든 세포는 주변 세포와 서로 도우며 따로따로 살아갑니다.

피를 타고 각 세포에 공급되는 양분은 대부분 포도당입니다. 혈액 속의 포도당 농도(혈당치)는 식사 후 1시간 반 정도가 되면 가장 높습니다.

세포는 피를 타고 들어온 산소를 이용하여 포도당이 가지고 있는 에너지를 끄집어 냅니다. 이렇게 세포 호흡을 하고 남은 찌꺼기에서는 물과 이산화탄소가 만들어집니다.

이산화탄소는 핏속에 들어가 허파를 통해 나가고, 물은 신장에 와서 오줌이 되어 밖으로 나갑니다. 그리고 소화 작용에 쓰이지 못한 찌꺼기는 똥이 되어 몸 밖으로 나갑니다.

우리는 소리를 듣고 물체를 보고 생각을 할 때조차 쉴 새 없이 몸 속의 에너지를 씁니다. 일을 하거나 운동을 할 때는 에너지가 많이 쓰입니다. 에너지는 머리카락이 자라고 손톱이 자랄 때도 필요합니다.

그러므로 우리 몸의 세포들은 쉴 새 없이 물질을 만들어 내야 합니다. 우리는 세수를 하거나 목욕을 하면서 때를 씻어 냅니다. 때는 우리 몸의 살갗에 있던 죽은 세포에 먼지가 묻은 것입니다.

우리는 살아 있으므로 무생물과는 전혀 다릅니다. 그러나 우리의 몸을 이루는 물질들은 무생물과 똑같습니다.

작은 알이 엄청난 생명의 힘으로 엄마의 뱃속에서 영양분을 흡수하며 자꾸 자라다가 이윽고 아기로 태어나는 것입니다. 아기는 필요한 물질들을 몸 안에 모으면서 차츰 자라 마침내 어른이 됩니다.

작은 씨앗 하나가 땅 속에서 양분을 얻으며 자라나 싹트고, 태양 에너지를 이용하여 큰 나무가 되는 것과 마찬가지입니다.

가장 기본이 되는 물질, 즉 원소로 이야기해 보면 생물과 무생물은 같은 원소로 이루어져 있습니다. 원소들이 서로 붙으면서 생명을 탄생시키고, 원소들이 쪼개지면서 무생물의 세계로 되돌아갑니다.

지구가 생기고 나서 오늘날과 같은 사람이 나타나기까지는 한 30억 년이라는 세월이 흘렀습니다. 그 동안 지구에서는 끊임없이 생물종이 나타나고 사라져 갔습니다.

생물종의 변화는 원소가 붙은 모양이 바뀜에 따라 일어납니다. 지구에 있는 원소는 결합 모양만 달라졌지 줄곧 되풀이하여 쓰여 온 셈이지요.

오늘날의 생물학에서는 생물과 무생물이 서로 연결되어 있다는 생각이 널리 받아들여지고 있습니다.

우리는 흙이나 공기나 물과 결국 같은 것입니다. 우리의 몸을 이루는 원소는 땅과 공기와 물에서 온 것이기 때문입니다.

우리가 죽으면 몸은 모두 쪼개져 땅과 공기와 물 속의 물질로 되돌아갑니다. 다시 말하면 우리의 몸은 무생물과는 다른 특성이 있지만 그 바탕은 무생물과 같습니다.

나는 누구일까요?

　사람은 '호모 사피엔스'라는 생물종으로 지구에서 가장 우수한 동물입니다.
　지구에 처음 생명체가 나타난 것은 30억 년 전쯤이고, 구체적으로 어류가 나타난 것이 5억 년 전쯤입니다. 이에 비하여 사람이 나타난 것은 겨우 200만 년에서 300만 년 전 사이로 추정하고 있습니다.
　사람의 역사는 다른 생물에 비하여 이렇게 짧습니다.
　프랑스의 진화학자인 줄르 카를르는 지구의 탄생부터 현재까지를 1년으로 놓고 여러 생물의 출현 시기를 따져 보았습니다. 그랬더니 물고기는 11월 말에 나타났고, 사람은 12월 31일 밤 11시 45분에야 나타났습니다.
　이 짧은 15분 동안의 역사에서도 마지막 몇 초 사이에 사람은 지구 전체를 뒤흔들어 놓고 있는 것이지요.
　오늘날 지구에서 살고 있는 모든 생물은 옛날에 살던 그들의 조상과 같지 않습니다.

생물종은 똑같은 상태로 살아가지 않습니다. 환경은 늘 변하기 때문에 같은 종이라도 환경에 잘 적응하기 위해서 변하게 됩니다. 각각의 생물도 늘 변해 가지만, 긴 시간을 놓고 보면 자꾸 다른 종으로 바뀌어 간다고 말할 수 있습니다.

생물의 역사를 살펴보면 발달하여 안정된 상태에 있던 많은 생물이 급격한 환경 변화로 말미암아 멸종하고 다른 생물로 바뀌었습니다.

지구에서는 생물 집단이 대량으로 멸망하는 시기가 몇 차례 있었습니다. 어느 생물 집단이 사라지면 새로운 생물 집단이 들어와 번성하는 시기를 거치다가 다른 생물로 바뀌곤 하였지요.

대량으로 멸망했던 생물로서 공룡을 꼽을 수 있습니다. 공룡은 지금으로부터 6500만 년 전까지 1억 6000만 년 동안이나 지구를 주름잡다가 순식간에 사라졌어요.

여기서 '순식간'이라는 말은 지구의 전체 역사에서 볼 때 그렇다는 것이고, 10년이었을지 100년이었을지 아니면 수백 년 이상이었을지도 모릅니다.

공룡은 매우 다양한 형태로 나타나서 지구 전역을 덮어 파충류 시대, 즉 공룡 시대를 이룩하였습니다. 지질학적인 시대로 보면 공룡의 번성기는 중생대였습니다. 그 무렵에는 땅에서는 말할 것도 없고 물 속과 공중에서도 공룡이 살았어요.

중생대에 지구 전역에서 살던 공룡은 갑작스럽게 변한 환경에 적응하지 못하고 모두 죽어 버렸습니다. 그러자 다른 여러 생물이 넓은 공간을 대신 차지하고 살게 되었습니다.

공룡이 사라진 자리를 지금은 포유류에 속하는 사람이 메우고 있습니다. 사람이 생물의 역사에서 한 자리를 차지한 셈이지요.

오늘날 우리가 살고 있는 시대를 지질 시대로 표현하면 신생대의 홀로세라고 합니다. 사람은 신생대의 홀로세에 지구 전역을 덮고 생물종 중에서 가장 우세한 위치를 차지하고 있습니다. 그야말로 '인간 시대'를 이룩한 것입니다.

공룡은 중생대에 1억 6000만 년 동안이나 살다가 사라졌습니다. 사람이 지구에서 산 지는 이제 기껏 200만 년에서 300만 년쯤 되었습니다. 그런데 그 새 환경은 너무 많이 바뀌었습니다. 지구 공간은 아주 빨리 사람이 살기 힘든 곳으로 변하고 있습니다.

우리는 사람을 위협하는 환경 속에서 살고 있습니다. 환경을 그렇게 만든 것은 바로 사람입니다. 사람은 헤어날 수 없는 위험 속으로 자신을 몰아 가고 있습니다.

사람은 자연 현상 앞에서 별로 큰 힘을 쓰지 못합니다. 비를 멎게 할 수 없으며, 바람을 멈추게 할 수도 없습니다.

지구는 쉬지 않고 돌아가고 우리는 단지 그 사실을 알아낼 뿐입니다. 사람은 자연의 지배자가 아닙니다.

생태계란 무엇일까요?

사람은 혼자서는 살 수 없습니다. 사람뿐 아니라 다른 생물도 마찬가지입니다.

생물은 도움을 주든 피해를 주든 서로 관계를 맺으며 살아갑니다. 도움이나 피해를 주지 않아도 마찬가지입니다.

환경은 생물에게 영향을 주고, 생물은 환경을 변화시킵니다. 이렇게 생물과 환경이 조화된 집단을 생태계라고 합니다.

생태계는 환경과 생산자·소비자·분해자로 이루어져 있어요. 태양 에너지를 이용하여 유기물을 만들어 내는 식물이 생산자입니다. 소비자는 그 유기물을 얻어먹습니다. 생태계에서 동물은 소비자인 셈이지요. 유기물을 무기물로 분해하여 자연으로 돌려보내는 것이 분해자입니다. 균류가 이것이지요.

생태계 중에서 가장 규모가 큰 생태계는 지구 생태계입니다. 지구 생태계는 자신을 유지하기 위한 근본 에너지를

태양에서 얻고, 쓸모없는 에너지를 외계로 내보내고 있습니다.

생태계의 생산자인 녹색 식물은 태양 에너지를 이용하여 필요한 양분을 스스로 만들어서 살아갑니다.

식물의 잎에 있는 엽록체라는 공장에서는 태양 에너지를 이용하여 지구에 사는 모든 생물체를 먹여 살리는 양분을 만들어 낼 뿐 아니라, 생물이 살아가는 데 꼭 필요한 산소를 만들어 내고 있어요.

생태계의 생산자는 생태계 안에서 모든 생명체가 유지될 수 있는 충분한 유기물을 만들어 냅니다.

생산자가 없는 곳에서는 소비자가 있을 수 없습니다. 그러므로 환경이 나빠져서 식물이 자랄 수 없는 곳이 되면, 그 지역의 생태계는 파괴되어 버립니다.

만약 수질 오염 때문에 식물성 플랑크톤이 자라지 못하면 물고기도 살 수 없게 됩니다.

생활 하수나 폐수로 물이 더러워지면 수중 생태계가 파괴됩니다. 정상적인 생태계의 구조를 회복하지 못하면 그 물은 곧 썩고 맙니다.

생태계가 정상적인 기능을 유지하기 위해서는 먼저 정상적인 구조를 이루고 있어야만 합니다.

우리는 공기·물·땅·양분·빛 따위 환경과의 관계를 통하여 생명을 유지하고 있습니다. 그리고 다른 생물과의 상호 작용도 우리가 살아가는 데 중요합니다.

동물과 식물, 심지어 병을 옮기는 미생물과도 우리는 관계를 맺으며 함께 살아갑니다. 사람은 다른 생물과 공생하고 있어요.

우리 몸 속에는 대장균이 있는데, 대장균은 소화 작용을 도와 주고 사람에게 필요한 여러 종류의 비타민도 만들어 줍니다.

대장균은 우리 몸의 큰창자에서 양분을 얻어먹으며 삽니다. 그러나 해로운 대장균의 수가 많아지면 배탈이 납니다.

이렇게 우리는 주변의 온갖 생물과 환경에 의존하며 살아가고 있습니다. 그러므로 주변 환경을 파괴하면 우리는 삶 자체를 위협받게 됩니다.

생태계의 조화와 균형

생태계 안에서 생물은 균형에 의하여 유지되고 있습니다. 녹색 식물의 광합성을 통하여 고정된 태양 에너지는 유기물로 합성되고 나서, 먹고 먹힘을 되풀이하는 먹이 그물 관계를 떠받쳐 줍니다.

식물을 먹는 동물에는 사슴·소·토끼·닭뿐 아니라 여러 곤충도 있습니다. 초식 동물은 1차 소비자이고, 이를 먹는 육식 동물은 2차 소비자입니다. 2차 소비자는 3차 소비자인 사람에게 먹힙니다.

생태계에서는 먹고 먹히는 관계가 그물처럼 복잡하게 얽혀 있습니다. 동물의 세계에서는 강한 것이 약한 것을 잡아먹는 '약육 강식'의 법칙이 철저하게 지켜집니다. 약육 강식의 법칙은 자연 그 자체이며, 바로 자연의 조화와 균형을 이루는 길입니다.

미국의 애리조나 주 카이바브 고원에서는 사슴과 이리, 퓨마 따위가 서로 균형을 이루면서 안정된 생태계를 유지하고 있었어요. 그런데 이 고장 사람들은 사슴을 보호하기 위해서 들소·영양·이리·퓨마를 모두 없애 달라고 주 정부에 요청했습니다.

주 정부에서는 이 요구를 받아들여 포수를 시켜 사슴을 잡아먹는 동물을 죽였습니다. 이윽고 사슴은 크게 늘어났어요. 그 고장 사람들은 좋아했지요.

그런데 갑자기 불어난 사슴 떼가 풀을 모조리 뜯어먹는 바람에 그 지역은 얼마 지나지 않아 황폐해졌습니다. 사슴은 먹이를 구할 수 없어서 곧 떼죽음을 당했습니다.

그 지역은 아직도 황폐한 채로 남아 있습니다. 생태계의 조화와 균형을 깨뜨려서 일어난 일이지요.

우리 나라에서도 30년 전쯤에 농촌에서 닭에게 먹이려고 개구리를 마구 잡아들이는 통에 논밭에 해충이 불어난 적이 있습니다. 개구리가 해충을 잡아먹는데, 그 개구리를 자꾸 잡아 없애니 해충이 불어날 수밖에요.

옛날부터 개구리 요리를 즐겨 먹는 중국에서도 요즘은 개구리를 보호하고 있다고 합니다.

어느 한 영양 단계의 생물이 사라지면 먹이 그물이 잘 연결되지 않아서 그 생태계 전체의 균형이 깨지고 맙니다.

요즈음 우리 나라에서는 식용으로 수입된 황소개구리가

　빠른 속도로 번식하면서 하천의 갖가지 생물을 닥치는 대로 먹어 치우는 바람에 하천 생태계의 균형이 깨지고 있어요.

　생태계는 먹고 먹힘을 되풀이하면서 교묘하게 자연의 균형이 유지되도록 짜여 있습니다. 메뚜기는 개구리에게, 개구리는 뱀에게, 뱀은 매나 독수리에게 잡아먹히는 방식으로 알맞게 조절됩니다.

　육식 동물은 높은 영양 단계에 속할수록 크거나 날쌥니다. 사람은 생태계에서 제일 높은 영양 단계에 올라 있지만, 몸집이 아주 크거나 날쌔거나 힘이 센 것은 아니에요.

다만 지혜로 다른 동물에게 이깁니다.

먹이 그물 과정을 거치면서 에너지는 각 영양 단계를 따라 옮겨 갑니다. 또 각 생물의 몸을 구성하고 있던 물질도 돌고 돕니다.

먹이 그물을 돌면서 에너지는 생물끼리 잡아먹는 방법에 의하여 옮겨 가기도 하지만, 부수는 방법에 의하여 옮겨 가기도 합니다.

죽은 생물의 몸에는 세균과 곰팡이 같은 미생물이 생기게 됩니다. 이들은 동물의 시체나 배설물 따위를 잘게 부숴 치우는 일을 맡고 있어요.

바다의 물고기와 동물성 플랑크톤도 죽으면 이윽고 세균에 의하여 분해됩니다.

게와 새우의 껍질과 같이 딱딱한 키틴질은 다른 동물이 먹어도 소화할 수가 없어요. 그런데 세균 중에는 이것을 분해하여 자신의 양분으로 삼는 것이 있습니다. 만일 이런 세균이 없다면 세월이 지나는 동안 바다 밑에는 키틴질이 산더미처럼 쌓이겠지요.

이렇듯 미생물은 자연 생태계에서 아주 중요한 역할을 하고 있습니다. 그러나 우리는 미생물을 별로 좋게 생각하지 않기 일쑤입니다. 세균 중에는 몸에 병을 옮기는 것도

있고 곰팡이는 음식을 상하게 하니까요.

그러나 분해자로서 미생물의 역할은 대단히 중요합니다. 미생물이 물체를 썩게 하여 분해하지 않으면 생태계는 성립될 수 없습니다.

세균은 동식물의 유기물을 분해할 뿐 아니라 생활 하수·합성 세제·농약·석유 따위도 분해하여 양분을 얻고 있어요. 자연계에서 미생물의 역할은 먹다 버리고 쓰다 버려 잔뜩 어질러 놓은 것들을 조용히 치워 주는 청소부와 같습니다.

만약에 미생물이 분해자의 역할을 하지 않았다면, 지구는 생명체가 생겨난 이후 만들어진 노폐물과 죽은 생물로 가득 차고 말았을 것입니다. 그렇게 되었다면 더는 생물체가 살 수 없었겠지요.

우리의 자연계에는 맑고 깨끗한 공기가 있고, 아름다움과 상쾌함이 가득 차 있어요. 이렇게 자연을 맑고 깨끗하게 유지하는 것은 우리의 눈에 띄지 않는 수많은 미생물이 쉬지 않고 일을 하고 있기 때문이에요. 물론 그렇게 해서 미생물은 먹이를 얻는 셈이고, 생태계는 깨끗하게 되지요.

만일 오염이나 토양의 황폐화로 말미암아 미생물이 사라진다면 이 지구는 생물이 살아갈 수 없는 별로 변할 것입니다.

지구에서는 각 지역의 기후에 따라 환경 문제도 달라집니다. 똑같은 양의 쓰레기를 버렸다 하더라도 쓰레기 오염이 더 문제가 되는 곳은 추운 지역입니다.

따뜻하고 습한 열대 지역에서는 미생물이 활발하게 활동하여 오염 물질을 빨리 부숩니다. 그러나 미생물이 훨씬 적은 추운 지역에서는 분해 시간이 오래 걸립니다. 히말라야 산꼭대기에는 등반 대원들이 버리고 간 쓰레기가 분해되지 않은 채 쌓여 있고, 남극은 여러 나라의 연구소에서 나온 쓰레기 오염 문제가 심각하다고 합니다.

열대 지방이라 하더라도 사람이 내놓은 쓰레기가 너무 많으면 자연적으로 깨끗해질 수 없어서 오염되고 말아요. 그러므로 자연을 훼손하지 않고 보호하는 것이 무엇보다 중요합니다.

생태계는 어떻게 질서를 이룰까요?

자연 생태계는 조화를 이루고 있습니다. 숲과 꽃, 벌레와 짐승이 어우러집니다. 이 모든 것은 질서가 잘 잡혀 있습니다.

어떻게 생태계는 아름답게 질서를 이룰 수 있을까요?

태양 에너지는 우리의 생태계가 결코 무질서한 상태로 빠져들게 놓아 두지 않습니다. 생태계의 구성원인 식물은 그 에너지를 이용할 줄 아니까요.

에너지는 없던 것이 새로 만들어지거나 있던 것이 없어지는 것이 아닙니다. 에너지의 양은 늘 변함이 없어요. 그렇지만 사용할 수 있는 에너지의 양은 에너지의 형태가 바뀔 때마다 자꾸 줄어듭니다.

인간이 할 수 있는 일은 에너지를 새로 만들어 내는 일이 아니라, 에너지의 형태를 바꾸는 일입니다.

생태계 안에서의 모든 움직임은 에너지의 형태가 바뀌어 일어납니다.

생물체가 생겨나고 새로운 물질이 만들어지는 것도 모두 에너지의 형태가 바뀌어 생긴 일입니다. 다시 말하면 생태계에서 일어나는 모든 현상은 에너지의 이동 현상입니다.

바람이 불고, 시냇물이 흐르고, 나뭇잎이 흩날리고 하는 따위도 모두 생태계에서 에너지가 이동하여 나타나는 현상이에요.

이 에너지의 본바탕은 태양 에너지랍니다. 태양 에너지가 없으면 생태계가 유지될 수 없습니다. 그러므로 태양 에너지는 매우 중요합니다.

에너지는 쓸모 있는 에너지가 쓸모 없는 형태로 바뀌어 가는 것이지, 쓸모 없게 된 에너지가 쓸모 있는 형태로 방향을 바꾸지는 못합니다. 그래서 에너지는 흘러간다고 말합니다.

지구는 쉬지 않고 외부 에너지를 받아들여 질서를 이루고 생물이 살아가도록 환경을 바꾸어 갑니다. 그러면서 쓸모 없게 된 에너지는 외계로 내보냅니다.

에너지는 흐릅니다

　모든 생물은 먹어야 삽니다. 녹색말은 우렁이나 물벼룩의 먹이가 되고, 물벼룩은 다시 붕어의 먹이가 되며, 붕어는 더 큰 물고기의 먹이가 됩니다.
　이 때 녹색말이 가진 에너지는 우렁이나 물벼룩으로, 다시 붕어로, 더 큰 물고기로 옮겨 갑니다.
　가축의 경우는 사료에 들어 있는 에너지의 일부만이 가축의 몸에 저장되어 있다가 사람이나 다른 생물로 넘어갑니다.
　생태계의 에너지는 잡아먹히는 생물에서 잡아먹는 생물 쪽으로 한 단계씩 다음 단계로 옮겨 갑니다.
　생태계의 생물을 살펴보면 아랫단계에 속하는 생물일수록 수가 많고, 윗단계로 올라갈수록 차츰 그 수가 줄어듭니다. 그래서 피라미드 모양이 되지요. 이것을 생태학적 피라미드라고 합니다.
　이것을 통하여 에너지는 먹이 그물을 거치면서 다음 단

계로 넘어갈 때 모두 넘어가지는 못한다는 것을 알 수 있어요. 에너지는 다른 생물로 옮겨 가면서 많이 낭비됩니다.

생태계로 들어온 햇빛 중에서 우리가 볼 수 있는 빛은 반 정도뿐이고, 식물은 그 중에서도 일부만을 이용하게 됩니다. 결국 햇빛 중에서 매우 적은 양만이 녹색 식물의 광합성에 쓰이고, 이 때 만들어진 유기물이 생태계의 먹이 그물을 돌면서 다른 생물체에게 이용되지요.

식물에게 이용되지 못한 태양 에너지는 땅을 데우거나, 바다와 여러 곳의 물을 증발시키거나, 바람을 일으키는 데 쓰입니다. 그런 다음에 쓸모 없게 된 에너지는 모두 외계로 빠져 나갑니다.

녹색 식물에게 이용된 태양 에너지는 포도당을 만들어 내는 데 쓰입니다. 이렇게 만들어진 포도당은 식물이 호흡하는 데 우선 쓰이고 나머지는 식물이 자라는 데 쓰이지요.

오래된 식물일수록 자라는 속도가 느립니다. 거의 다 자란 식물은 광합성에 에너지를 거의 다 쓰기 때문입니다. 이처럼 태양 에너지가 이동하여 식물에 고정될 때에도 낭비가 있게 됩니다.

식물을 생산자라고 하지만 식물의 모든 부분이 다 물질을 생산하는 것은 아닙니다. 줄기나 뿌리, 꽃과 같은 부분은 광합성 작용에 끼여들지 않으며, 만들어진 물질을 소비하는 부분이에요. 식물의 잎이나 식물성 플랑크톤과 같은 것은 그야말로 생산하는 역할을 담당합니다.

식물은 생태계 먹이 그물의 맨 첫 단계의 생물입니다.

식물은 메뚜기나 토끼, 사슴과 같은 초식 동물에게 먹힙니다. 떨어진 잎이나 부러진 가지, 죽은 식물은 곰팡이나 세균과 같은 미생물 또는 지렁이나 진드기·거미와 같은 작은 동물에게 먹혀서 생태계의 먹이 그물 속으로 들어갑니다.

생산자에서 시작된 에너지 흐름은 잡아먹는 방법에 의한 것도 있지만 부수어 가는 방법에 의한 것도 있답니다. 죽은 생물은 미생물이나 작은 동물 같은 분해자에 부서지고, 살아 있는 식물 일부도 분해 생물에 의하여 분해됩니다.

사슴이나 기린이나 코끼리와 같은 초식 동물이 식물을 먹을 때, 식물의 줄기부터 뿌리까지 다 먹지는 않습니다. 식물의 가시나 털·줄기·껍질 같은 것은 동물에게 쓸모가 없고, 만약에 먹더라도 소화하지 못하지요. 그래서 식

물체를 이루었던 에너지의 일부만이 다음 단계로 이동하는 것입니다.

초식 동물은 먹이를 찾아 움직일 때 에너지를 낭비하게 됩니다. 초식 동물이 먹이를 얻으려고 움직이면 에너지가 몸에서 빠져 나갑니다.

사자나 호랑이, 여우나 표범과 같은 육식 동물이 사슴이나 얼룩말과 같은 먹이를 얻으려면 넓은 초원을 헤매 다녀야 합니다.

먹이를 발견하면 약한 동물은 잡히지 않으려고 도망을 가게 되고, 강한 동물은 도망가는 먹이를 쫓아가게 됩니다. 이렇게 쫓아가면서 강한 동물은 많은 열을 빼앗겨 버리지요. 이를테면 에너지를 쓰는 셈입니다.

강한 동물이 약한 동물을 잡으면 살은 먹고 가죽이나 털·

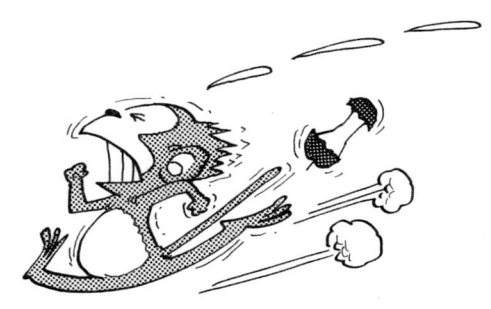

뼈 따위는 먹지 않고 남기므로 에너지가 윗단계의 생물로 이동할 때에는 적은 양만이 이용됩니다.

또 생물은 자신이 얻은 에너지의 대부분을 살아가는 일에 쓰는데, 이렇게 활동에 쓰인 에너지는 생태계 전체로 볼 때에는 저장되는 것이 아니라 소모되는 셈이지요.

생물이 얻은 에너지 중에서 살아가는 데 쓰고 남은 에너지는 몸에 저장됩니다. 생물이 자라거나 살이 찌거나 하는 것이 바로 그 때문입니다. 우리가 먹기만 하고 운동을 하지 않으면 살이 찌는 것도 같은 이치지요. 생태계 전체를 놓고 보면 이런 경우는 생태계 안에 에너지가 고정되는 것입니다.

생물은 사는 동안 에너지를 써야 하며, 먹이를 얻을 때

에도 에너지를 써야 합니다. 또 윗단계의 생물로 옮겨 갈 때에도 에너지가 낭비됩니다. 그래서 실제로 이용할 수 있는 것은 전체 에너지 중에서 10분의 1밖에 되지 않습니다.

생태계에서는 이처럼 에너지의 효율이 낮아서 높은 영양 단계로 올라갈수록 이용할 수 있는 에너지가 적어질 수밖에 없어요. 그러므로 높은 영양 단계에서 지탱할 수 있는 생물체의 수는 많지 않습니다.

건물을 지을 때에도 기초 공사가 튼튼해야 안전한 법입니다. 생태계의 기초는 굉장히 튼튼합니다. 생태학적 피라미드의 가장 아랫부분에 속하는 식물이 지구 생태계 전체에 퍼져 있으니까요.

생태계의 유지에 가장 기본이 되는 생물은 식물입니다. 그러므로 아무 계획도 없이 함부로 나무를 베어 내는 것은 생태계를 위협하는 일입니다.

먹이가 되는 생물이 그것을 잡아먹는 생물보다 언제나 많아야 생태계의 피라미드가 유지됩니다. 어떤 원인으로든지 한 영양 단계의 아랫부분이 윗단계의 생물보다 적어지면 생태계 전체의 균형이 깨지고 생태계가 파괴됩니다.

생태계를 제대로 유지하는 데 가장 중요한 일은 생태학적 피라미드를 안정시키는 것입니다.

돌고 돕니다

생태계 안에 있는 모든 물질은 돌고 돕니다. 생태계의 에너지는 '흐른다'고 말하지만, 물질은 계속 돌고 돈다고 말합니다.

에너지는 절대로 방향을 바꿀 수 없습니다. 늘 정해진 쪽으로만 흐르지요. 이와 달리 생태계를 이루고 있는 모든 물질은 돌고 돕니다.

지구는 쉬지 않고 밖으로부터 에너지를 받아들이고, 쓸모 없는 에너지는 우주로 내보냅니다. 그렇지만 물질은 지구가 생길 때 우주에서 끌어당긴 것이 지금까지 보존되면서 계속 생태계를 돌고 있어요.

지구 생태계는 여러 개의 작은 생태계로 나눌 수 있습니다. 그런데 여러 작은 생태계는 따로 떨어져 있지 않아요. 물질은 서로 다른 생태계 안으로 들어가기도 하고 거기에서 빠져 나가기도 합니다.

이를테면 삼림 생태계 안에 들어 있던 황이나 칼슘과 같은 원소가 빗물에 씻겨 호수 생태계 속으로 들어갑니다. 또 호수에서 살던 물고기가 죽은 뒤 썩으면, 이 때 나온 암모니아 가스가 세균에 의하여 질소 가스 상태로 공기 속으로 빠져 나오게 됩니다. 이 질소 가스는 삼림 생태계에 있는 뿌리혹박테리아에게 이용되기도 하지요.

원소들이 각 생태계에서 보내는 시간은 서로 다릅니다. 원소에 따라 생물체에서 머무르는 시간과 이동하는 비율이 다르지요.

산소는 생물체 주위에서 빠르게 순환될 준비를 갖추고 있는 원소에 속합니다. 그래서 생물체에 의하여 곧바로 이용될 수 있지요. 그러나 바다 속 깊이 가라앉거나 대기권 꼭대기에서 아주 크고 느리게 순환하는 원소도 많습니다.

빠르게 돌든지 늦게 돌든지 모든 물질은 생태계 전체를 돌고 돕니다. 이렇듯이 자연계의 모든 물질은 돌고 도는 것이지요.

물질은 생물과 무생물 사이를 돌면서 반복하여 사용되고 있습니다. 물질은 땅·공기·물 사이를 오가는 중간에 잠깐씩 생물체 안에서 머무르는 것이지요.

생물체는 땅과 공기, 물 속에서 자신에게 필요한 물질을 얻고 배설물을 내보냅니다. 그러다가 죽으면 부서져 다시 자연계의 물질로 돌아갑니다.

물질은 먹이 그물을 거치면서 생물체 사이를 돌게 됩니다.

사람은 곡식·채소·과일을 먹는 두 번째 영양 단계의 초식 동물일 뿐 아니라, 쇠고기·돼지고기·닭고기 따위를 먹는 세 번째 또는 네 번째 단계의 육식 동물이기도 하지요. 그리고 가재·굴·대합·버섯을 먹으면서 분해자와 관련된 먹이 그물에도 속해 있어요.

이렇게 사람은 여러 영양 단계에 속하며, 먹이 그물의 맨 윗단계의 생물에 해당합니다. 사람은 지희를 발휘하여 꼭대기 단계에 올랐습니다.

물과 공기, 땅이 오염되어 생물이 살기 흩들어진 곳이 많습니다. 우리가 마음놓고 마실 수 있는 물이 점점 줄어들고 있습니다. 이렇게 된 것은 자연계의 정상적인 물질 순환이 깨졌기 때문이에요.

사람은 공장에서 기계를 돌려 여러 가지 물건을 만들고 방을 데우려고 땅 속 깊은 곳에서 석탄과 석유 따위를 끌어 내어 억지로 생태계 안에 집어 넣습니다. 그래서 물질이 자연스럽게 순환하지 못하게 되었어요.

물질은 없어지는 것이 아니어서 환경을 오염시키는 물

질을 없애고 깨끗하게 처리를 한다고 해도 정상적인 물질 순환을 기대하기는 어렵습니다. 그러므로 자꾸 땅 속에서 자원을 캐내기보다는 한 번 사용한 물질이라도 쓸모 있게 바꾸어 다시 사용하는 것이 바람직합니다.

사람은 생태계 안에 있고 생태계를 이루는 생물입니다. 그러니까 과학 기술 문명도 생태계의 성격에 맞추어 발달시켜야 합니다.

자연 생태계에서는 쓸모 없게 된 모든 쓰레기를 미생물이 완벽하게 부수어 깨끗한 상태를 만들어 놓습니다. 그러나 사람은 물건을 만드는 데에만 열중해서 쓰고 남은 물건이나 쓰레기를 함부로 내놓아 물을 더럽히고 땅을 못쓰게 만들고 있어요.

생태계의 생물 중에 생산자가 있고 쓸모 없는 것을 분해해 주는 분해자가 있는 것처럼, 이제부터는 과학 기술 분야에서도 물질을 깨끗하게 자연으로 돌려보내는 분해 기술을 발달시켜야 합니다.

생태계는 스스로 작용을 합니다

　자연 생태계는 일정한 상태를 유지하는 능력이 있습니다. 부분적으로 파괴되거나 어떤 물질이 갑자기 많아지거나 하는 변화가 생겨도 원래의 상태로 되돌아갈 수 있는 힘이 있어요. 태풍이 불거나 홍수가 나거나 가뭄이 들어 심각한 피해를 입었다 하더라도 생태계는 서서히 원래의 상태로 회복됩니다.
　이렇게 생태계가 스스로 깨끗하게 되는 작용을 생태계의 조절 작용이라고 합니다.
　그러나 깨끗한 상태를 유지하려고 해도 너무 많은 양의 쓰레기가 계속 쏟아져 나오면 생태계는 원래의 상태로 되돌릴 힘이 달리게 됩니다. 처리할 수 있는 양보다 오염 물질이 더 많으면 생태계는 더러워지고 환경이 파괴되는 것입니다.
　생태계는 일정한 상태를 유지하기 위하여 스스로 작용을 합니다.

 우리 몸도 스스로 안정된 상태를 유지하려는 힘이 있어요. 여름에 너무 덥거나 운동을 하면 몸의 온도가 높아지는데, 이 때 체온을 낮추기 위하여 땀이 납니다. 땀이 증발하면서 몸의 열은 조금씩 식게 됩니다.
 날씨가 추워지면 자꾸 오줌이 마렵지요? 이것도 우리 몸이 스스로 조절 작용을 하는 것이에요.
 우리 몸은 추워지면 체온이 떨어지지 않게 하려고 몸의 표면으로 가는 피의 양을 될 수 있는 대로 줄입니다. 그렇게 되면 핏속에 물이 남아 돌아서 오줌으로 모이는 것이지

 요. 그래서 자꾸 오줌이 마렵습니다. 물론 많은 피가 간이나 지라에도 저장되지만 말이에요.
 우리는 추울 때 아무 생각 없이 몸을 떨게 되잖아요. 그런 것도 알고 보면 몸의 자기 조절 작용이랍니다. 근육의 활동을 늘려서 열이 나도록 하는 것이지요.
 말하자면 우리 몸은 매우 복잡하고 정밀한 자동 온도 조절 시스템입니다. 체온 조절뿐 아니라 우리 몸의 모든 물질은 자동 조절됩니다.
 생태계도 마찬가지랍니다. 생태계의 자동 조절 시스템

은 몹시 복잡하고 거대하지만 정교합니다.

생태계 중에서 가장 규모가 큰 지구 생태계는 대기중의 산소나 질소, 이산화탄소 같은 기체의 양이나 여러 기체가 섞이는 비율을 조절하고 있어요.

대기중에는 산소가 21% 포함되어 있습니다. 만일 산소가 이보다 적게 들어 있으면 생물이 숨쉬기가 곤란해지고, 더 많이 들어 있으면 산불이 날 확률이 높아져요. 다행히 지구 생태계는 산소의 양을 알맞게 조절하고 있습니다.

이렇게 지구 생태계는 자기 조절 능력을 발휘하여 산소

와 이산화탄소의 농도를 일정하게 조절해 왔어요. 그런데 인구가 증가하고 공장이 자꾸 들어서면서 이산화탄소가 많이 나오자 지구의 자기 조절 능력이 차츰 없어지고 있습니다. 육상 생태계와 수중 생태계가 파괴되면서 이산화탄소를 흡수하지 못하게 되었습니다.

이산화탄소의 농도를 일정하게 조절하는 능력이 무디어진 지구 생태계는 지구의 기온이 높아질수록 스스로 더욱 많은 양의 이산화탄소를 만들어 내고 있어요.

추운 지방의 습지에 저장되어 있던 메탄 가스가 나오고,

삼림이나 초원의 유기 물질이 이산화탄소로 변하여 대기중으로 퍼져 나오고 있습니다. 그렇게 되니까 대기중에 이산화탄소의 농도가 높아지고, 이산화탄소는 지구의 복사열을 가두어서 지구의 기온을 높입니다.

생태계의 자기 조절 능력이 사라지면 걷잡을 수가 없습니다. 생태계는 워낙 규모가 커서 한두 군데의 문제가 예상치 못한 엄청난 결과를 일으킬 수 있습니다.

생태계는 지금 심한 병에 걸려 있어요. 이대로 계속 환경을 오염시키면 생태계의 구성원인 우리는 스스로 망하고 말아요. 생태계의 자기 조절 능력을 깨지 않도록 해야 합니다. 급격한 환경 파괴와 많은 양의 오염 물질은 생태계의 자기 조절 능력을 잃게 합니다.

자연에는 한계가 있습니다

 부엌에 있는 바퀴가 며칠마다 수십 마리씩 늘어난다면 얼마 지나지 않아 그 집은 바퀴로 꽉 찰 것입니다. 그러나 자연 생태계에서는 그렇게 계속 늘어나는 생물은 없습니다.
 어떤 생물이 빠르게 늘어난다고 하더라도 수가 많아지면 먹이가 모자라거나 생활할 수 있는 공간이 좁아져서 살기가 어려워집니다. 또 배설물이 쌓이면서 주변 환경이 오염되어 그 생물이 살기에 알맞지 못한 환경으로 변해 갑니다. 이렇게 환경이 주는 압력 때문에 생물이 끊임없이 늘어나는 일은 없습니다.
 어느 영양 단계에서든지 살아남을 수 있는 생물체의 수는 제한됩니다. 어느 생물에게나 필요한 환경은 무한하게 좋은 조건으로 주어지는 것이 아니어서 생물체의 수가 늘어나면 경쟁이 심해집니다. 환경이 받아들일 수 있는 한계보다 생물의 수가 많아지면 서로 해를 끼치게 됩니다.

자연 상태에서 보면 환경은 계속 변합니다. 환경의 상태가 좋으면 생물의 수는 많아지고, 상태가 나쁘면 줄어듭니다. 자연 상태에서 끝없이 수가 많아지는 생물은 없어요.

사람도 생태계를 이루고 있는 생물종 중의 하나입니다. 그러므로 수가 갑자기 불어나면 먹이나 생활 공간이 부족해지는 식으로 환경의 압력을 받게 됩니다.

다만 사람은 지혜가 있어서 먹을거리를 꾸준히 늘리고 공간을 효율적으로 이용하며 자연의 한계를 조금씩 극복해 왔습니다.

식량으로 쓸 수 없는 나무를 베어 버리고 경작지로 바꾸는가 하면, 속성 재배를 하여 필요한 식량을 빨리 얻어 냈어요. 그러나 언제까지나 이런 방법을 쓰기는 어렵습니다. 이미 숲은 거의 다 베어 낸 상태입니다. 삼림을 더 없애 버린다면 많은 생물이 사라지게 될 뿐 아니라, 가뭄이나 홍수에 불안한 환경으로 바뀌어 우리의 삶이 위협을 받게 됩니다.

사람은 먹이가 부족한 것을 해결하려고 새로운 방법으로 식량을 많이 생산하였습니다. 비료를 주어 작물이 빨리 자라도록 하고, 농약을 뿌려 병충해를 없애고, 품종을 개량하여 많은 수확을 올렸습니다. 이것이 녹색 혁명입니다.

최근에는 유전 공학을 발달시켜 뿌리에는 감자가 달리고, 가지에는 토마토가 열리는 작물을 만들어 내기도 하였습니다. 또 곡식의 줄기로 가는 영양을 낟알로 가게 하여 더 많은 낟알을 얻고, 병충해에 강한 작물을 만들어 내기도 하였습니다.

더구나 사람은 인공으로 합성 식량을 만들어 낼 줄도 압니다. 생태계의 다른 생물과 견주어 사람의 수가 많아져도 먹을 것이 모자라서 일어나는 문제에 덜 시달리는 편입니다.

세계의 식량 문제는 그 절대량이 모자라서 생기는 것이 아닙니다. 어느 나라에서는 식량이 남아돌고, 어느 나라에서는 식량이 모자라서 문제입니다. 이 지역 격차는 그냥 두면 앞으로 점점 더 심해질 것입니다.

경제 발전과 과학 문명의 발달에 비추어 볼 때 인구가 계속 늘어나도 사람은 식량 부족 현상을 어떻게든 이겨 낼 것입니다. 지역 격차를 줄이는 방안이 새로 나와 그 문제만 해결한다면 식량 문제는 크게 걱정할 일은 아닙니다.

그렇다면 사람이 살아야 할 공간의 문제가 남습니다. 생태계가 허용하는 한계를 넘어 버린다는 것은 사람에게 재난이 닥치는 것이라고 볼 수 있습니다.

옛날에 일어났던 여러 전쟁과 많은 사람 사이에 퍼졌던 질병이나 굶주림 따위는 생태계가 받아들일 수 있는 수보다 사람이 너무 많았던 탓이라고 볼 수 있어요.

우리가 사는 지구는 10분의 7이 물로 덮여 있습니다. 거기에다 늪이나 산꼭대기, 가파른 산지, 모래땅, 경작지나 도로 같은 곳을 빼놓고 보면 실제로 사람이 살 수 있는 땅은 그리 넓지 않습니다.

사람이 모여 사는 도시에서는 생활 공간을 넓히려고 고층 빌딩을 세우고 지하 시설을 늘려 왔어요. 그러나 좁은 공간에 너무 많은 사람이 모여 살며 환경을 오염시키고 있습니다.

땅은 제한되어 있는데 인구가 계속 늘어나니 참 큰일입니다. 이렇게 되면 사람끼리 해를 끼치게 될 뿐 아니라, 환경이 우리를 위협합니다. 자연에는 한계가 있기 때문입니다.

생명 공간이 줄어들고 있습니다

어느 생물이든지 살아가려면 꼭 필요한 만큼은 공간이 있어야 합니다. 말하자면 생물 하나하나가 살아가는 데에는 필요한 최소한의 면적이 있어야 하는 것이지요.

주어진 공간에서 생물 집단이 제대로 자라나고 살아가려면 거기에 알맞은 수의 생물이 있어야 합니다. 수가 너무 많거나 너무 적으면 그 생물에게 해가 됩니다.

사람뿐 아니라 흔히 생물은 같은 종끼리 서로 도우면서 살아가지만, 너무 많이 모여들면 경쟁이 일어납니다. 이렇게 되면 같은 종끼리도 서로 피해를 주게 됩니다.

넓은 공간에서 갑자기 좁은 공간으로 들어가면 답답하게 느껴지기 일쑤입니다. 그러나 시간이 흐르면서 좁은 공간에 적응하게 되고 처음에 가졌던 비좁다는 느낌은 차츰 사라지게 되지요.

그러니까 넓거나 좁다는 느낌은 정해져 있는 것은 아니에요. 더욱이 생활 공간의 크기는 어느 정도가 제일 적당한 것인지 딱 잘라 말하기 어렵습니다.

우리는 도시의 거리에서 걷다 보면 사람과 쉴 새 없이 부딪치게 됩니다. 차를 타도 많은 사람 사이에서 답답하게 갇혀 있어야 합니다. 차가 너무 많아져서 속력을 제대로 내지 못하고 거북 걸음을 하기 때문입니다.

비좁은 공간에 수많은 사람과 빽빽한 건물과 붐비는 차량이 있다 보니 우리는 답답합니다. 물론 아주 넓은 공간을 다 차지하고 산다고 해서 좋은 것은 아닙니다.

사람이 모여 살면 서로 도움을 주고 문명의 발달을 이룰 수 있습니다. 흔히 사람은 사회 속에서 살아갑니다.

사람은 옛날부터 오래 살고 싶어했어요. 그래서 과학과 의학을 꾸준히 발달시켜 수명이 점차 길어졌습니다. 그런데 사람이 오래 살려면 저마다 알맞은 넓이의 공간이 필요합니다. 프랑스의 건축학자 퀴르비치는 특히 이 '생명 공간'의 중요성을 강조했습니다.

모든 생물종은 제대로 종족을 유지하려면 최소한의 면적이 있어야 하는데, 생물종에 따라 그 최소 면적이 다릅니다. 생물은 자신에게 주어지는 면적이 좁아지더라도 그 좁아진 면적에 적응하지요.

그러나 자신이 사는 곳이 갑자기 파괴되거나 생물이 부

쩍 많아져서 미처 환경에 적응하지 못하면 생리적으로나 신체적으로 균형이 깨지게 됩니다.

금붕어를 어항에서 기를 때, 충분하게 공간을 준 경우와 그러지 않은 경우를 살펴보아요. 아무리 많은 먹이를 준다 해도 공간이 비좁으면 금붕어는 크기가 작아지고 제대로 알을 낳아 새끼를 칠 수 없게 됩니다. 그리고 병에도 잘 걸립니다.

북쪽 툰드라 지역에는 나그네쥐가 삽니다. 나그네쥐는 3년 내지 4년 간격으로 수가 크게 늘어납니다. 그러나 겨울이 되면 그 많던 쥐가 대부분 죽습니다. 아주 적은 수가

살아 남지만 다시 3년 내지 4년 후에 나그네쥐는 크게 늘어납니다.

 이렇게 쥐의 수가 주기적으로 변하는 것은 무슨 까닭일까요? 부쩍 늘어난 쥐가 겨울에 먹이를 구할 수 없어서 많이 죽는 것인 줄 알았습니다. 그러나 최근에 연구해 보니 나그네쥐의 떼죽음은 신진 대사가 제대로 이루어지지 못한 탓이었습니다.

 갑자기 늘어난 나그네쥐가 필요한 최소 면적을 서로 확보하지 못하여 생리적, 신체적 불균형을 보이며 죽어 간 것이지요.

이와 같은 증상은 흔히 충격이나 정신적인 억압을 받았을 때 일어납니다. 필요한 최소한의 공간을 침범당한 채 계속 긴장하다 보니 호르몬을 분비하는 조직이 지치게 된 것입니다.

　사슴이나 토끼 집단이 급격히 늘어난 후 떼죽음을 당하는 경우를 연구해 보면 생물 집단이 무너지기 직전에는 매우 활동적이고 흥분을 하기 일쑤입니다. 그렇게 만드는 호르몬을 분비하는 기관이 지나치게 커지는 것이지요. 그런 상태가 되는 것은 분명히 너무 비좁아서 충격을 받은 탓이에요.

　야생 생물의 수가 줄어드는 것은 신진 대사가 제대로 이루어지지 못하기 때문이라는 증거가 많이 있습니다. 이런 일은 사람에게도 해당됩니다.

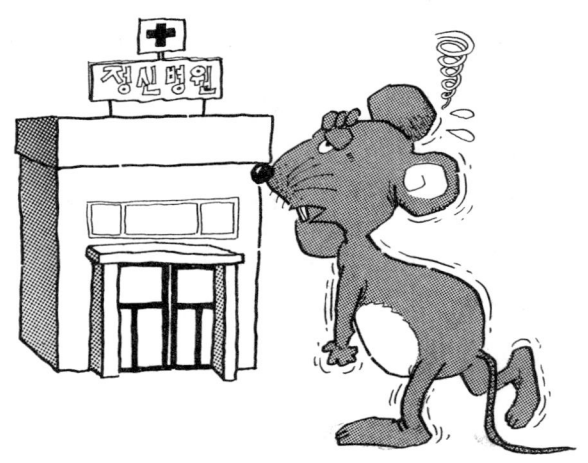

생물은 사는 곳이 비좁아지면 공격적으로 행동하게 됩니다. 또 새끼를 제대로 치지 못하고, 몸의 내부 기관이 나빠집니다.

아주 좁은 곳에서는 새끼가 잘 자라지 못하며, 자라고 나서도 건강이 나쁩니다. 이럴 때 그 생물에게 충분한 공간을 주면 상태가 아주 좋아집니다.

우리도 너무 억눌려 지내거나 걱정을 많이 하면 소화가 잘 되지 않습니다. 이것은 장의 운동이 제대로 일어나지 않고 소화액의 분비에 이상이 생긴 탓이에요.

우리 몸의 대장 속에는 70종이 넘는 세균이 있는데, 억눌려 지내게 되면 세균들 사이의 균형이 깨지고 여러 세균이 독소를 만들기도 합니다. 그래서 아프기도 하고 빨리 늙기도 하는 것이지요.

비좁은 곳에서 너무 많은 생물이 살면 몸 안에 변화가 일어납니다. 그러다가 이윽고 많은 수가 죽게 되어 생물 집단 자체가 무너지기도 합니다. 이런 일은 생활 공간이 줄어드는 데 대한 생물의 반응인 셈이지요.

자연 생태계에서는 많은 생물이 자신에게 필요한 면적을 차지하고 있다가 그 곳을 침범당하게 되면 맹렬히 방어하는 영토 행동을 합니다.

　이를테면 텃세를 부리는 것이지요. 올챙이는 수가 너무 많아지면 서로 죽이려고 독소를 내뿜으며, 식물도 너무 빽빽하게 자라면 같은 종에게도 해가 되는 독소를 분비하는 종이 있습니다. 세균 중에는 노폐물을 내어 너무 많아지지 않도록 막는 것도 있습니다. 이 모두는 최소 면적을 확보하기 위한 생물의 영토 행동입니다.
　생명 공간을 제대로 가지지 못한 동물은 적극적이고 공격적인 영토 행동을 하게 됩니다. 흔히 동물은 자기의 활동 범위 안에 다른 개체가 들어오는 것을 막으려고 저마다 세력권을 만듭니다. 세력권을 확보하면 다른 생물의 공격을 막아 낼 수 있고, 자신과 새끼의 먹이를 구하기도 쉬워지기 때문입니다. 또 짝을 찾기도 좋습니다.

사람도 다른 생물과 마찬가지로 너무 많은 수가 모여 살게 되면 정신적으로나 신체적으로 해롭습니다. 그런데 인구가 늘어나고 자꾸 대도시로 모여들면서 환경이 오염되어 사람의 생명 공간은 줄어들고 있습니다.

오늘날 지구 곳곳에서는 사막이 넓어지고 있습니다. 기온이 높아져서 바닷물이 팽창하고, 빙하가 녹으면서 바닷가 쪽의 땅이 물에 잠기고 있어요. 인구는 늘어만 가는데 이렇듯 사람이 살 만한 곳은 차츰 줄어들고 있는 형편입니다.

사람도 여느 생물과 마찬가지로 생명 공간이 보장되어야 제대로 살아갈 수 있습니다. 도시에 지하 공간을 만들고 아파트를 높이 짓는다고 해서 그 문제가 풀리지는 않습니다.

수많은 사람 틈에서 북적거리며 살다 보면 흔히 건강이 나빠지고 마음까지 불안해집니다. 사람이 너무 많다 보니 큰 도시에서는 범죄가 그칠 날 없고 사회 혼란이 잦습니다. 자칫 사람은 도시 속에서 저희끼리 부대끼다가 스스로 사라져 가는 생물종이 될지도 모릅니다.

사람이 저마다 알맞은 생명 공간을 가지려면 의료 시설과 교육·문화 시설을 여기저기 골고루 배치하는 것이 좋아요. 그러면 어느 한 곳에 사람이 너무 많이 모이지는 않게 됩니다. 농촌과 어촌도 골고루 발전하면 구태여 사람이 도시로만 모여들지는 않을 테지요.

생태계는 늘 바뀝니다

　환경은 늘 변해 갑니다. 자연 상태에서 변하지 않는 것이라고는 없어요.
　생태계는 에너지의 이동에 따라 쉴 새 없이 변화하고 물질도 쉴 새 없이 돌고 돕니다. 공기는 움직이고, 시냇물은 흐르고, 추운 겨울이 가면 따뜻한 봄이 오듯이 모든 것이 자꾸자꾸 변합니다.
　환경을 이루는 모든 요소는 서로 연관되어 있어서 한 가지가 변하면 연속적으로 다른 변화가 따릅니다.
　보기를 들어, 가정에서 나온 하수가 강물로 흘러들면 오물을 분해하기 위한 미생물이 갑자기 불어납니다. 그러면 물 속에 녹아 있는 산소를 그들에게 빼앗겨 버려 산소의 양이 줄어들고 물이 흐려져요. 물이 흐리면 햇빛이 물 속에 잘 들어오지 못해서 식물이 제대로 살지 못하고 물고기도 살 수 없는 환경으로 바뀝니다.
　환경은 생물이 필요로 하는 물질이나 에너지를 주면서

끊임없이 생물에게 작용합니다. 생물과 환경의 관계는 움직이는 관계입니다.

생태계는 변화하면서 안정된 상태로 가려고 하는 자기 조절 기능을 합니다. 파괴된 곳에서 풀이 돋아나고, 풀은 작은 나무로, 그리고 숲으로 옮겨 가려고 하는데, 이것은 안정된 상태로 가려는 생태계의 움직임입니다.

환경이 좋은 곳에는 숲이 우거지지만 환경이 나빠지면 같은 장소도 초원으로 바뀌고 맙니다. 더욱 나빠지면 같은 장소도 황야로 바뀌고, 차츰 벌거벗은 땅으로 변하고 맙니다.

사람은 오랜 시간에 걸쳐 일어나는 생태계의 복잡한 움직임을 알지 못한 채 자연을 마구 훼손하는 수가 많아요. 이런 짓은 생태계의 불안을 부추깁니다.

자연 생태계는 계절에 따라 변하면서도 규칙적으로 반복되고 있습니다. 때때로 홍수가 나거나 태풍이 불어 자연 생태계의 일부가 파괴되어도 이윽고 회복하여 어떤 변화 범위의 틀을 벗어나지 않아요.

수많은 생물이 놀랍게도 생태계 안에서 평형 상태를 이루며 자연의 변화에 자신을 맞추면서 살아갑니다. 생태계의 변화는 같은 빠르기로 일정하게 이루어지는 것은 아닙니다.

　나무의 줄기가 뻗을 때에도 같은 속도로 계속 자라는 것이 아니에요. 줄기를 뻗는 데 필요한 양분이나 호르몬이 모이기 전까지는 멈추어 있다가 모이면 자랍니다.

　변화는 일정하게 일어나지 않습니다. 그렇지만 조금씩 변해 갑니다. 바위는 오랜 시간이 흐르는 동안 흙으로 변하여 생물이 살 수 있도록 만들어 주다가 다시 바위로 바뀌어 갑니다. 틈의 물이 얼고, 비바람에 깎이고, 식물의 뿌리가 뚫고 들어가기도 하는 여러 가지 변화가 바위의 성질을 바꿉니다.

　자연 상태에서는 물질이 그 주위 환경에 맞춰 계속 바뀌어 가요. 형태만 바뀌는 것도 있지만 성질까지 바뀌기도 하고, 다른 생물이 끼여들어 영향을 미치기도 합니다.

　호수는 생태계 중에서 빠르게 변화하는, 수명이 짧은 생태계입니다. 오랜 세월이 지나면 호수는 죽은 생물과 나뭇가지, 강이나 개울에서 운반된 고운 흙으로 메워져 천천히 늪으로 변해 갑니다. 늪에서 물이 계속 증발하고 빠져 나가면 나중에는 땅으로 바뀝니다.

　생태계를 구성하는 모든 것은 변합니다. 그러므로 생물도 바뀌어 갑니다. 생물은 살아 남으려면 환경에 적응할 수

밖에 없는데, 환경이 자주 변하니 적응하기가 힘이 들어요.

생물은 자신을 둘러싼 환경을 이용하면서 더욱 효과적으로 발달합니다. 오늘날 갖가지 종으로 이루어진 생태계는 오랜 진화의 결과입니다.

생물은 환경에 우세한 유전자 쪽을 따라 진화합니다. 생물 집단은 환경의 변화에 더욱 잘 적응하려고 진화하는 것이지요.

특히 자손을 빨리 낳는 생물종일수록 환경의 변화에 맞추어 빠르게 변화하여 마침내 종을 변화시킵니다.

오늘날 지구상에 있는 어떤 생물도 옛날에 살던 조상과 완전히 같은 것은 없습니다. 어느 생물종이 생겨서 넓게 퍼져 살려면 그 곳에 원래부터 있는 생물과 경쟁하여 이겨야 합니다.

생물의 반응

지금도 우리 주위에서는 공기가 움직이고 있습니다. 온도는 조금씩 달라지고 있고, 주위는 우리가 듣지 못하는 소리로 가득 차 있습니다. 햇빛의 밝기도 달라지고 있어요. 환경의 변화를 일일이 느끼지 못하는 것은 생물에게 다행한 일입니다.

환경은 적어도 생물체가 받아들일 수 있을 만큼 바뀌어야 비로소 생물에게 자극을 줍니다.

미생물은 자극을 받으면 몸 전체를 움직입니다. 대장균이 자라고 있는 근처에 포도당을 넣어 주면 대장균은 포도당 가까이 모입니다. 연두벌레에 적당한 빛을 주면 연두벌레는 빛 쪽으로 움직입니다. 그러다가 빛을 강하게 주면 갑자기 연두벌레가 빛의 반대 방향으로 움직입니다.

식물의 반응은 대부분 호르몬의 변화로 이루어집니다. 꽃이 피고 지는 것은 호르몬의 변화로 일어납니다. 줄기가 빛이 오는 방향으로 굽는 것도 호르몬의 이동 때문입니다.

씨앗에서 싹이 트고, 열매가 열리고, 잎이 떨어지는 것도 모두 식물 호르몬이 분비되기 때문이에요.

가을이 되면 해가 나는 시간이 짧아지고 빛도 약해집니다. 그러면 많은 나무에 단풍이 들고 낙엽이 집니다. 이것은 환경의 변화에 대한 식물의 반응입니다.

단풍이 드는 나무는 가을이 되면 나뭇잎에 변화가 생깁니다. 세포막에서 물질을 통과시키는 성질이 변하여 엽록소를 파괴하는 효소가 세포 속으로 들어갑니다. 서서히 엽록소가 파괴되면 녹색을 띠고 있던 잎의 색깔이 변합니다.

봄과 여름에는 엽록소에 가려 나타나지 않던 색소가 가을이 되면서 드러나는 것이지요.

가을이 되어 빛이 약해지고 기온이 내려가면 잎자루 끝에는 떨켜층(나무에서 잎이 떨어지려고 할 때 생기는 층)이 생깁니다. 그러면 광합성으로 생긴 포도당이 줄기로 내려가지 못한 채 잎에 그냥 남아 있게 되지요. 잎에 남은 포도당은 많은 화학 반응을 거쳐 색소를 만들어 냅니다.

단풍의 색깔이 여러 가지인 까닭은 식물의 종류에 따라 색소가 혼합되는 비율이 다르기 때문입니다. 색소가 혼합되는 비율에 따라 단풍은 빨강이나 노랑 또는 갈색을 띱니다. 특히 단풍이 들 때의 기온과 물, 자외선의 양 같은 환

경 조건이 잘 맞아야 단풍이 아름답게 들어요.

늦가을이 되면 낙엽수는 잎을 떨굽니다. 이것은 환경에 대한 식물의 중요한 적응 현상입니다.

겨울에는 땅이 얼어 뿌리에서 물을 빨아올리기가 어렵습니다. 낙엽수가 겨우내 잎을 그대로 달고 있다가는 말라 죽을 것입니다. 그 많은 잎에서 햇빛을 받아 물이 자꾸 증발할 테니까요. 더구나 넓은 잎에 눈이 내려 쌓이면 그 무게를 견디지 못하여 가지나 줄기가 부러지기 십상입니다.

낙엽수는 잎을 떨군 채 겨울을 납니다. 이것은 환경에

적응하여 살아 남기 위한 방법입니다.

추운 지방에서 자라는 상록수의 잎은 바늘 모양인데, 이 잎은 아주 가늘고 방수 표피가 있어요. 눈이 와도 흘러내리기 쉽고 물이 증발하는 것도 막아 줍니다.

상록 침엽수는 추운 곳에서 대를 이어 살면서 잎의 모양과 구조를 환경에 맞게 조금씩 바꿔 왔습니다. 식물은 이처럼 환경에 반응하며 적응합니다.

곤충도 환경의 변화에 적응하며 살아가요.

온대 지방의 많은 곤충은 가을에 번데기가 되어 겨울을 나다가 봄이 와서 날씨가 따뜻해지면 호르몬을 분비하여 탈바꿈을 합니다.

어떤 곤충은 머리 위쪽의 투명한 부분을 통하여 빛을 알아차리는데, 빛이 어느 정도 길어지면 껍질을 벗고 이른벌레가 됩니다. 곤충의 겨울잠과 탈바꿈 따위는 이처럼 환경에 대한 반응에서 비롯합니다.

철새가 이동을 한다든지 거미가 거미줄을 친다든지 새가 둥지를 트는 것은 본능이라고 할 수 있는데, 이는 환경의 영향을 받아 나타납니다. 본능 행동을 일으키는 데에는 외부의 자극이 필요한 경우가 많습니다.

척추 동물은 핏속에 성 호르몬이 있어야 짝짓기를 하는

데, 꼭 내부의 환경뿐 아니라 외부의 환경에도 상당히 영향을 받습니다.

　물 속에서 사는 생물은 흔히 화학적인 자극에 민감합니다. 연어의 한 종류는 강에서 알을 까고 3개월쯤 자란 뒤에는 바다로 가서 살아갑니다. 그러다가 다 자라면 짝을 지으려고 자신이 처음 난 민물을 다시 찾아갑니다.

　바다와 이어진 수많은 강 중에서 어떻게 자신이 난 강을 찾아가는지 참으로 신기한 일이지요. 연어는 강에서 사는 생물의 특이한 분비물 냄새를 기억합니다. 그 냄새를 쫓아 연어는 그 곳으로 돌아갑니다.

　오리 종류 가운데 어떤 새는 짝을 짓기 전에 수컷이 춤을 추어 암컷을 자극합니다. 짝짓기 철이 다가오면 깃털의 색깔이 변하는 새도 있어요. 해마는 눈 언저리의 색깔이 변합니다. 이런 것은 모두 시각적인 자극입니다.

사람은 환경이 주는 자극을 흔히 눈으로 받아들입니다. 사람은 시각적인 동물이에요. 곤충이나 개·사슴처럼 냄새로 의사 전달을 하거나 자극을 받는 일이 드뭅니다.

사람은 여느 동물에 비하여 냄새에 둔합니다. 똑같은 냄새가 계속 나면 신경이 피로해져서 냄새를 잘 맡지 못해요.

사람은 눈으로 들어오는 빛의 변화에 따라 몸 속의 생리 리듬이 조절됩니다. 눈에서 뇌로 들어오는 정보가 매우 중요하게 작용하는 것입니다.

아침이 되면 일어나고 낮에는 활동하고 밤이 되면 잠을 자는 우리의 신체 리듬은 이렇게 하여 생깁니다. 이런 것을 생물 시계라고도 합니다.

생물은 모두 몸 속에 행동의 리듬을 조절하는 시계가 들어 있습니다. 변화하는 환경에 적응하면서 몸에 배게 된 생물의 반응이지요.

헬리오트로프라는 해바라기 종류는 어두운 동굴 안에서도 낮에는 꽃봉오리가 열리고 밤에는 닫힙니다. 이 식물은 해가 보이지 않아도 시간을 아는가 봅니다.

바다의 게 중에 낮에는 까만 색을 띠고 밤에는 하얀 색을 띠는 게가 있습니다. 이 게는 빛이 있든 없든 나서 죽을 때까지 시간에 맞추어 색깔이 변합니다.

생물의 하루는 낮과 밤의 주기에 따라 결정됩니다. 빛이 쬐는 시간과 쬐지 않는 시간의 반복에 의하여 정해지는 것입니다. 각 생물은 이런 변화에 자기 나름껏 시간의 단위를 맞추며 삽니다.

어떤 생물은 해 뜨기 전에, 어떤 생물은 대낮에 활동합니다. 올빼미나 박쥐 같은 생물은 해가 질 무렵부터 활동을 합니다. 각 생물은 자기 나름의 독특한 생물 시계에 맞추어 생리 현상을 조절합니다.

지구 생태계로 쏟아져 들어오는 햇빛은 이렇게 모든 생물의 작용을 조절합니다. 빛은 동물의 눈이나 식물의 색소를 통하여 들어옵니다. 그러면 세포가 반응함으로써 생물체는 빛에 적응하게 됩니다.

어린이는 한참 자라고 있어 잘 느끼지 못하지만, 어른의 감정은 환경에 많은 영향을 받습니다.

밝은 날보다는 흐린 날에 더 우울한 느낌이 들고, 봄이 되면 기분이 밝아지고, 가을이 되면 자칫 우울해지기 쉬워요. 환경이 사람의 정신에도 영향을 미친다고 말할 수 있습니다.

가을이 깊어 갈수록 빛의 세기가 점점 약해지고 빛이 쬐는 시간이 짧아집니다. 그러면 눈으로 받아들이는 빛의 변화가 뇌로 전달되어 감정의 변화를 일으킵니다. 가을에 사람의 기분이 우울해지기 쉬운 것은 그 때문이에요.

뇌에서는 신경을 통하여 몸의 각 부분으로 신호를 전달합니다. 그 신호에 따라 화학 물질이 생기면 몸에 힘이 넘치기도 하고 힘이 빠지기도 합니다. 이런 것은 대개 눈에 보이는 환경의 변화에서 영향을 받습니다.

우울증을 치료하기 위해서 인공 광선을 만들어 일부러 빛을 많이 쬐어 주기도 합니다. 봄이 되면 빛이 쬐는 시간이 늘어나고 빛의 세기가 세지는데, 이 빛은 뇌를 자극하여 각 세포를 기운이 넘치게 만드는 화학 물질을 만들어 내곤 합니다.

뇌에서 만들어지는 신경 단백질은 50여 종류가 밝혀졌는데, 그 중에서 가장 잘 알려진 물질은 엔돌핀입니다. 엔돌핀은 기뻐할 때나 고마워하는 마음을 가질 때 뇌에서 만들어져요. 엔돌핀이 많이 나오면 무서운 병도 이겨 낼 수 있을 만큼 면역계를 활기 차게 만들어 줍니다.

슬퍼하거나 화를 많이 내면 병균을 잡아먹는 세포가 맡은 일을 제대로 하지 못하여 병에 걸리기 쉽고, 일단 걸리면 병이 더욱 심해집니다. 그러니까 우리는 기쁨과 감사하는 마음으로 살아야겠어요.

기뻐서 흘리는 눈물과 슬퍼서 흘리는 눈물, 그리고 잡티가 들어갔을 때 나오는 눈물 속에 있는 단백질은 서로 다르답니다.

환경은 쉴 새 없이 변합니다. 그러므로 모든 동물은 시각 자극, 청각 자극, 후각 자극과 같은 수많은 자극 속에 묻혀 살아요.

생물과 환경은 서로 영향을 주고받습니다

생물은 바뀐 환경에 적응할 뿐 아니라, 자기에게 불리한 환경을 조금씩 바꾸어 놓을 줄도 압니다.

흙은 식물의 뿌리를 자랄 수 있게 하고 생태계가 이루어지도록 해 줍니다. 식물은 비나 바람에 흙이 씻기거나 패어지는 것을 막아 흙을 보호해 줍니다.

산에 나무가 많으면 나무의 뿌리 근처에 많은 물이 보존됩니다. 나무는 비가 많이 왔을 때 물을 빨아들여 두었다가 가뭄이 들었을 때 그 물을 조금씩 흘려 내보내서 산골짜기에 물이 흐르게 합니다.

바위가 비바람에 조금씩 부서지다가 표면에 이끼가 자라게 되면 흙이 조금씩 만들어집니다. 표면에 생긴 흙에서 식물이 자라기 시작하면 바위는 부서져서 흙이 되는 속도가 빨라집니다. 식물의 뿌리가 바위를 부순 것입니다. 생물이 주변 환경을 바꾸어 놓는 것이지요.

숲이 우거지면 바람을 막아 줄 뿐 아니라, 소음도 줄여 줍니다. 나무 밑은 습도가 높고 온도가 낮습니다. 또 빛이 들어오는 양도 적습니다. 숲이 환경을 바꾸어 놓은 것입니다.

환경은 생물의 생활에 많은 영향을 미칩니다. 식물의 씨가 싹트고 자라나서 꽃이 피고 열매를 맺는 것은 온도가 계절에 따라 바뀌기 때문이지요. 새는 여기에 맞추어 둥지를 틀고 알을 낳고 새끼를 기르고 옮겨 다닙니다.

오랜 세월에 걸쳐 환경과 영향을 주고받으며 살아오는 동안 생물은 생활하는 방식이나 몸의 생김새, 색깔 따위가 환경에 알맞게 바뀌었어요.

바다에서 사는 생물은 깊이에 따라 몸의 형태가 다르고 운동하는 방식이 다릅니다. 또 생물마다 자기가 살 수 있는 깊이가 정해져 있어요.

맑은 물이 어느 정도 깊으면 파란 색을 띱니다. 맑은 하늘도 파란 색을 띱니다. 왜 그럴까요?

햇빛에는 우리가 가시 광선이라고 부르는, 눈으로 볼 수 있는 빛이 있어요. 그 빛 중에서 파장이 긴 빨간 색의 빛이 물이나 공기중의 수증기에 먼저 흡수되고, 파장이 짧은 파란 색의 빛이 남아 있다가 반사되어 우리 눈에 들어오는 것입니다.

바닷말도 사는 깊이에 따라 색깔이 다릅니다.

얕은 바다에서는 파래와 같은 녹조류가 빛을 충분히 받으며 자랍니다.

좀 깊은 바다에서는 홍조류나 갈조류가 바닷물에 남아 있는 파란 색을 아주 많이 흡수하여 광합성을 하면서 살아갑니다. 붉은 계통의 색깔을 띠면 광합성에 불리하기 때문입니다.

더욱 깊은 바다에서는 희미하게 남아 있는 빛을 흡수하려고 흑갈색을 띠게 됩니다.

이와 같이 바닷말은 저마다 사는 깊이에 따라 색깔을 달리하면서 환경에 적응합니다.

바다 깊이 200미터나 300미터 아래로 내려가면 바닷물은 파란 빛마저 모두 흡수하여 깜깜해지므로 바닷말이 살지 못합니다.

어두운 바다 속에는 생활하기 위하여 빛을 내는 동물이 많이 있습니다. 어떤 경우에는 동물의 몸에 붙어 사는 세균이 빛을 내기도 합니다. 세균이 빛을 내더라도 그 빛을 조절하는 것은 물고기입니다.

물고기는 짝을 찾기 위하여 빛을 사용하기도 하고, 적을 혼란에 빠뜨리려고 빛을 사용하기도 합니다. 어떤 물고기는 빛으로 먹이를 끌어들여 잡아먹기도 합니다.

물고기는 밝은 곳에서 기르면 밝은 색깔을 띠고, 어두운 곳에서 기르면 어두운 색깔을 띱니다. 빛의 자극이 눈에서 신경으로 전해지며 신경과 호르몬을 작용시켜 색깔을 바꾸게 하는 것입니다.

어둡고 깊은 바다 속의 물고기는 적색이나 흑색에 가까운 색깔을 띠어 적한테서 몸을 보호합니다.

수면 가까이 헤엄치는 꽁치나 정어리 같은 물고기는 배가 흰 색을 띠어 밑에서 잡아먹으려는 동물이 보면 얼른 알아차리기 어렵게 만듭니다. 또 등은 청색이나 녹색을 띠어 바다 가까이 날며 물고기를 잡아먹으려는 새한테서 자기 몸을 보호합니다.

개구리도 주위의 환경이 변하면 몸의 색깔이 변합니다. 빛의 자극이 뇌에 전달되고 뇌에서 호르몬이 나오면 개구리의 피부에 있는 색소 세포를 자극하여 몸의 색깔이 변하게 되는 것입니다.

개구리의 피부에는 색소를 가진 세포가 있는데, 그 색소가 여러 가지 색깔의 빛을 흡수하거나 반사하여 여러 가지 색깔을 띱니다.

개구리는 주변의 온도에 따라 몸의 온도가 바뀌는 변온

동물입니다. 날씨가 추워지면 움직일 수 없어 겨울에는 땅속에서 겨울잠을 잡니다.

 흔히 개구리는 양지 바른 둑 근처에 한 20센티미터 깊이로 땅을 파고 들어가서 가만히 잠든 채 겨울을 납니다. 그러다가 봄에 날씨가 따뜻해지고 비가 오면 여러 마리씩 땅 위로 나옵니다. 이렇듯 개구리의 생활은 환경의 영향을 많이 받습니다.

 뱀도 개구리처럼 변온 동물이라서 추우면 몸이 잘 움직여지지 않습니다. 그러므로 뱀 또한 겨울잠을 잡니다. 뱀은 따뜻한 지방에 많은 종류가 있습니다.

뱀은 체온을 높이려고 햇볕을 쬐기도 하고, 체온이 너무 올라가면 그늘이나 구멍 속에 들어가 체온을 낮추기도 합니다. 체온이 너무 높거나 낮으면 죽기 때문입니다.

곤충은 살아 남으려고 주어진 환경에 맞게 자신을 바꾸어 왔습니다.

새는 곤충을 잡아먹으며 사는 것이 많습니다. 곤충한테는 그런 새가 무서운 천적입니다. 그래서 어떤 곤충은 새와 같은 천적의 눈을 속이려고 몸의 색깔과 모양을 주변 환경과 비슷하게 꾸며 놓고 삽니다.

나무 줄기에 앉아서 지내는 나방은 색깔과 모양이 나무 껍질과 비슷합니다. 또 자벌레나방의 애벌레는 나뭇가지와 거의 같아 보여서 가까이 온 새도 알아차리지 못할 정도입니다.

벌처럼 독침을 갖고 있는 곤충도 있고, 노래기같이 고약한 냄새를 풍기는 곤충도 있습니다. 나비 종류의 어느 애벌레는 모양과 색깔이 꼭 뱀 같아서 새가 좀처럼 잡아먹으려고 들지 않습니다.

동물은 날씨나 계절에 따라 행동을 바꿉니다. 아침과 저녁, 낮과 밤에 따라 나타나서 활동하는 동물이 다릅니다.

　겨울은 다른 계절보다 동물이 살아가기 어려운 계절입니다. 겨울이 닥치면 철새는 따뜻한 곳을 찾아갑니다. 바다에서는 고래와 물개, 그리고 많은 물고기가 자기에게 맞는 온도를 찾아 옮겨 갑니다.

　순록은 추위에 아주 강한 동물이에요. 그러나 순록이 모여 사는 북쪽 툰드라 지방에 겨울이 오면 먹이를 구할 수 없어 조금 남쪽으로 내려옵니다. 순록은 주로 눈밭을 헤집어 그 밑에 있는 이끼를 먹고 삽니다.

　흔히 포유 동물은 겨울 동안도 사는 곳에서 멀리 벗어나지 않습니다. 그 대신 굴에서 겨울잠을 자거나 털갈이를 하여 추위를 넘기지요.

　곰은 겨울이 되기 전에 잔뜩 먹이를 먹어 몸 속에 기름기를 저장해 놓은 다음 굴 속에서 겨울잠을 잡니다.

　줄다람쥐는 도토리 같은 것을 땅 속의 굴에 저장해 놓고 겨울잠을 자다가, 가끔 깨어나 먹이를 먹고 똥도 누고는 다시 잡니다.

　날아다니는 포유 동물인 박쥐는 겨울이 되면 추위를 피하여 굴 속으로 깊이 들어갑니다. 박쥐는 굴 속에서 저희끼리 무리지어 겨울잠을 잡니다.

　북극여우나 산토끼 같은 것은 눈이 쌓이는 겨울이 되면 흰 겨울털로 털갈이를 하여 다른 동물의 눈에 잘 띄지 않게 한 다음 겨울을 납니다.

　건조한 지역에 사는 동물은 몸에서 물이 증발하는 것을 막으려고 몸을 건조한 살갗으로 덮고 있습니다. 그리고 활동은 주로 밤에 하고 오줌은 조금밖에 누지 않는데, 매우 진한 오줌을 누어 몸에서 물이 빠져 나가는 것을 막습니다.

　동물뿐 아니라 식물도 주어진 환경에 잘 적응합니다.

　가뭄으로 물이 부족해지면 식물은 몸 밖으로 수분을 덜 내보냅니다. 그래도 계속 물이 부족하면 아침에만 숨구멍을 열어 물이 많이 빠져 나가는 것을 막습니다.

건조한 땅에서 자라는 식물은 흔히 뿌리를 깊고 넓게 뻗습니다. 그리고 몸에서 수분이 함부로 빠져 나가지 못하게 세포의 크기와 잎의 크기를 줄입니다. 아주 적은 양의 물을 최대한으로 이용하기 위한 것입니다.

사막과 같이 건조한 지역에서는 선인장처럼 줄기에 즙이 많은 식물이 삽니다. 선인장은 줄기에 많은 물을 저장하고 있으며, 잎이 가시로 변하여 물의 증발을 막고 있습니다.

선인장은 밤에만 숨구멍을 열어 이산화탄소를 세포 속에 저장한 다음 낮에는 숨구멍을 닫아 물이 빠져 나가는 것을 막고, 저장된 이산화탄소로 햇빛을 이용하여 포도당을 만듭니다.

사막이나 그 언저리에서 사는 식물은 모두 물을 저장하는 구조가 발달한 식물입니다. 그 중에는 잎이 가시로 변하지는 않았지만, 잎이 수직에 가까운 꼴로 나서 햇볕을 받는 면적을 좁히고 증발하는 물의 양을 줄이는 식물도 많아요.

사막에서는 비가 조금만 오고 나면 한꺼번에 꽃이 피고 풀이 납니다. 계속 건조할 때에는 씨에 싹이 트지 못하게 하는 물질이 있어 싹이 트지 않다가, 조금이라도 비가 오면 싹트는 것을 막는 물질이 없어지며 싹이 틉니다.

　사막은 햇볕이 강한 곳이라서 비가 오다 그치면 물기가 곧바로 증발하고 맙니다. 그러나 사막의 식물은 그 틈에 물기를 머금어 꽃을 피워 열매를 맺거나 싹이 터서 자랍니다.

　사막에서 사는 식물은 물이 매우 부족한 환경에 적응하고 있습니다.

　날씨가 추워지면 식물은 낮은 온도에 적응합니다. 식물체 속에서 물이 얼지 않도록 화학 물질을 만들거나 물을 세포벽 바깥쪽으로 보내기도 합니다.

　식물에 따라 물이나 온도에 적응할 수 있는 한계가 있으므로 지리적으로 식물이 다르게 분포하는 것이에요.

　식물은 동물과 달리 신경이 없지만 변화하는 환경에 잘 적응해 나갑니다.

　식물이 환경의 자극을 알아차리는 가장 예민한 부분은 줄기의 끝눈이나 잎에 있는 색소입니다. 자극은 호르몬을 통하여 식물의 각 부분에 전달됩니다.

생태계가 생겨나서 사라지기까지

 사람은 태어나서 조금씩 자라고, 다 자란 다음에는 조금씩 늙습니다. 그러다가 수명이 다하면 죽습니다. 생태계도 태어나고 자라고 발달하다가 어느 시기에는 사라져 갑니다.
 생태계는 개척기라고 말하는 초기 단계에서 시작하여 가장 성숙해지는 시기를 향하여 발달하는데, 그 과정 동안 수많은 생물종의 변화가 따르게 됩니다.
 이렇게 생물의 떼가 시간이 지나면서 변하는 과정을 '천이'라고 합니다. 천이는 생태계에서 안정된 집단을 이룩하기 위한 생물 집단의 변화 과정입니다.
 바다 위로 솟아오르거나 화산이 폭발하는 바람에 새로 생긴 곳에서는 매우 오랜 세월에 걸쳐 서서히 생물체가 생겨납니다. 전에는 거기에 생물체가 없었기 때문이지요.
 빙하가 지나가면서 생긴 곳에서도 아주 느리게 생태계가 발달합니다. 바위 더미가 치워지면서 드러난 산기슭 같은 곳에서도 마찬가지입니다.

　과거에 생물이 살던 지역이라도 홍수에 휩쓸려 버린다든지, 화산이 폭발하여 파묻힌다든지 하면 생태계가 완전히 파괴되고 말아요. 이런 경우에도 새롭게 생태계가 발달합니다.

　사람이 숲의 나무를 모조리 베어 버린 지역에서도 새로운 생물 종이 들어와 자라면서 서서히 환경을 변화시킵니다. 아울러 이렇게 변화하는 환경에 다른 종이 침입하는

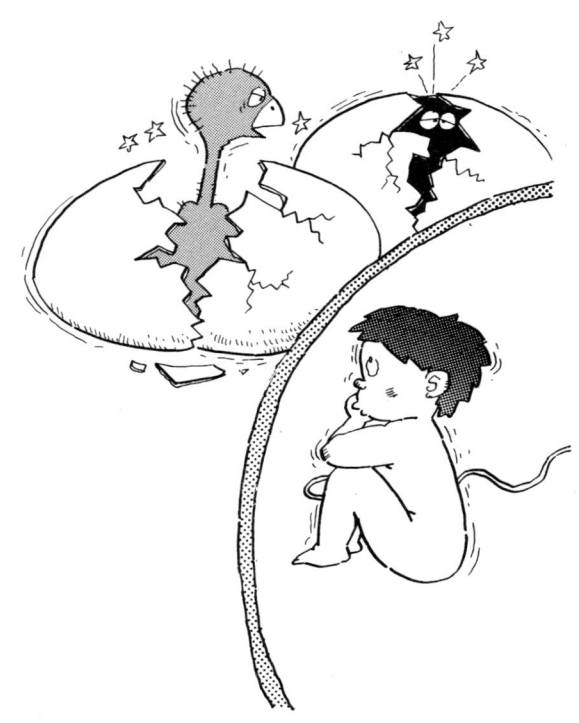

일이 되풀이됩니다.

 호수의 물이 빠져 나가 마른 땅으로 변한다든지, 물의 흐름이 막혀 습지가 되는 수도 있습니다. 환경 조건이 바뀌면 그 전에 있던 생물은 사라지고 대신 새로운 생태계가 발달합니다.

 그러나 전에 생물이 살던 지역에는 흙이 있어서 생태계가 빠르게 발달합니다.

 생물이 변화하고 이 변화에 따라 빛의 세기나 습도 따위 환경이 바뀌어 갑니다.

 바뀐 환경에 적응하지 못하는 종은 쉽게 사라지지만, 새로운 환경에 잘 적응하는 종은 번성하여 발달합니다.

 생태계의 발달에 대하여 살펴볼 때에는 먼저 식물의 변화를 알아보아야 합니다. 식물이 발달하기 시작해야 동물이 들어오므로 생태계의 발달은 식물이 이끌어 간다고 볼 수 있습니다.

 동물의 경우는 환경이 자신에게 알맞지 않으면 스스로 이동해 갑니다. 그렇지만 식물은 그럴 수가 없습니다. 식물은 발이 없어 옮겨 가지 못하니까요.

 생태계에서 동물의 천이는 식물의 천이에 따라 일어납니다. 그리고 동물은 식물의 천이에 도움을 주게 됩니다.

흔히 새와 짐승은 식물의 씨를 퍼뜨려 생태계의 발달을 촉진시킵니다.

천이가 진행되어 삼림으로 바뀌어 가면 조류·포유류·곤충 따위 동물의 종류도 바뀝니다. 그러므로 생태계의 발달을 알려면 식물의 천이를 살펴보면 됩니다.

처음에는 작은 풀이 자라다가 큰 풀로 바뀌고 점차 나무로 바뀌는데, 나무도 더 큰 나무로 바뀌어 갑니다.

처음에는 나무가 많지 않아서 빛이 숲으로 잘 들어옵니다. 그래서 밝은 곳에서 자라는 나무가 주종을 이루다가 숲이 점점 우거질수록 그늘에서 자라는 나무로 종류가 바뀝니다.

식물은 양분을 만드는 일을 햇빛에 의존하므로 식물의 키는 살아가는 데 매우 중요합니다. 나무는 살아 남기 위해서 새로 얻은 줄기의 힘을 이용하여 점점 커집니다. 빛을 받으려고 벌이는 경쟁이 큰 나무를 만들어 내는 것이지요.

생태계가 발달하면서 생물의 양이 많아지고, 생태계 전체에 생물의 호흡량이 늘어납니다. 발달한 상태가 되면 광합성으로 만든 거의 모든 유기물을 생물 집단의 호흡으로써 버립니다.

가장 발달한 상태에서는 생태계가 더 자라지 못하고 그

상태를 그대로 유지합니다. 마치 사람이 어른이 되면 더 자라지 않는 것과 같지요.

이렇게 가장 성숙해진 생태계를 '극상'이라고 합니다. 생태계가 극상에 이르면 숲에는 그늘에서도 잘 자라는 나무가 많아집니다. 또 생물종이 매우 많아지고 복잡해집니다. 많은 종으로 이루어진 생태계는 안정됩니다.

가장 성숙한 생태계는 흔히 빽빽한 숲을 이루지만, 지구 어느 곳에서나 극상이 숲의 형태로 나타나는 것은 아닙니다.

환경이 좋으면 차츰 숲이 우거지는 수가 많지만, 날씨가 너무 춥거나 땅이 얕거나 물이 부족한 곳에서는 풀밭 상태에서 생태계가 더 발달하지 못합니다. 그와 같은 곳에서는 초원이 가장 성숙한 생태계, 즉 극상이 됩니다.

바위 위에서는 이끼가 덮이면서 극상을 이룹니다.

생태계는 환경에 따라 발달할 수 있는 한계가 정해집니다. 아주 복잡한 생태계, 잡다한 종으로 가득 찬 생태계를 안정되어 있다고 합니다.

경작지나 골프장같이 하나의 종을 중심으로 단순하게 이루어진 생태계는 매우 불안한 생태계입니다.

생물이 5종류밖에 없는 생태계와 20종류의 생물로 이루어진 생태계를 생각해 봅시다.

홍수나 가뭄이 들거나 병충해가 널리 퍼지면 생물이 많은 해를 입게 되지요.

5종으로 이루어진 생태계에서 4종 정도가 해를 입으면 그 생태계는 크게 파괴된 셈입니다. 그러나 20종으로 이루어진 생태계에서는 6종 정도가 해를 입어도 14종이 남아서 생태계를 유지합니다.

따라서 종의 수가 많은 생태계는 안이나 밖에서 일어나는 환경의 변화에 대하여 안정적입니다.

그러나 생태계를 이루는 생물의 가짓수가 같다고 해서 생태계가 똑같이 안정되는 것은 아닙니다.

똑같이 10종으로 이루어진 서로 다른 생태계를 비교해 봅시다.

한 가지가 대부분을 차지하고 나머지 아홉 가지는 조금밖에 없는 생태계보다 열 가지가 골고루 섞인 생태계가 환경 변화에 대하여 훨씬 안정되어 있습니다.

한 가지가 중심이 된 생태계는 그 종류만 해를 입으면 거의 다 파괴되다시피 합니다. 그러나 열 가지가 골고루 섞인 생태계는 그 중에서 어느 한 종류가 해를 입어도 크게 흔들리지 않습니다.

생태계가 발달하는 초기에는 어느 한 종이나 몇몇 종이 생물 집단의 대부분을 이룹니다. 그러다가 발달한 상태가 되면 생태계는 여러 생물 종으로 골고루 이루어집니다.

초기에는 작고 번식 속도가 빠른 생물이 많다가, 나중에는 크고 번식 속도가 느린 생물이 늘어납니다. 지금과 같은 생태계가 이루어지기까지는 오랜 세월이 흘렀고, 다양한 종은 진화의 결과라고 생각할 수 있습니다.

옛날에도 그랬지만 지금도 날씨는 생물에게 큰 영향을 미칩니다. 온도나 물의 공급이 계절에 따라 적절하지 않으면 생물은 더 많아지지 못합니다.

툰드라나 사막과 같이 생물이 자라는 데 좋지 못한 곳에서는 열대 지방보다 생물의 수가 훨씬 적습니다. 넓은 초원에서는 환경이 거의 같아서 다양한 종을 이룰 수가 없습니다.

산이 있고, 호수가 있고, 풀밭도 있는 환경에서는 생물 종이 다양합니다. 복잡한 환경으로 이루어진 열대림에서는 단순한 온대림에 비하여 종이 다양하고, 온대림에서는 그보다 더 단순한 툰드라 지역보다는 종이 다양합니다.

열대림은 지구상에서 가장 다양한 생물로 이루어진 안정된 생태계입니다. 그리고 지구상에서 가장 발달한 숲입니다.

 그런데 사람이 열대림을 파괴하면 생물이 놀라울 정도로 민감하게 반응합니다. 왜 그럴까요?

 열대림에서 사는 수많은 생물은 좁은 공간을 나누어 함께 살아가야 합니다. 그러다 보니까 경쟁이 심하여 환경에 매우 특수하게 적응합니다.

 꼭 열대림의 생물뿐 아니라, 흔히 생물은 주변 환경이 갑자기 바뀌면 살기가 힘들어집니다. 생물 하나하나는 저마다 독특한 환경에만 적응할 수 있어서 사람이 파괴해 버린 환경 속에서는 잘 견디지 못합니다.

 그렇지만 생태계 전체로 볼 때 열대림은 다양한 종이 힘을 합하여 가장 안정된 상태를 이룬 곳입니다. 지구 생태계를 살리기 위해서는 열대림을 베어 버리지 않도록 다 같이 노력해야 하겠습니다.

생태계의 생산성

생태계의 생산성이란 생태계로 들어온 태양 에너지가 식물을 얼마나 자라게 했고, 식물을 먹은 동물이 얼마나 자랐나 하는 것입니다.

지구에 도달한 태양 에너지는 거의 대부분 지구에서 열을 유지하거나 여러 과정을 거쳐 환경을 바꾸어 놓는 일에 쓰입니다.

식물에게 이용된 아주 적은 양의 에너지만이 생태계의 먹이 사슬을 거쳐 생물을 자라게 합니다. 그런 다음에 쓸모 없어진 에너지는 우주로 빠져 나가지요.

쏟아져 들어오는 햇빛을 이용하여 식물은 광합성을 하면서 유기물을 만들어 냅니다. 이렇게 만들어진 유기물의 총생산량이 전부 식물이 자라는 데 쓰이지는 않습니다. 많은 양이 숨을 쉬는 일에 쓰입니다.

호흡에 쓰고 남은 유기물의 양을 순생산량이라고 하는데, 이 순생산량은 식물이 자라는 데 쓰여 생태계 안에 고

정됩니다.

햇빛이 풍부하고 높은 온도에서는 광합성 속도가 빠릅니다.

지구 전체를 놓고 보면 극 지방에서 열대로 갈수록 식물은 유기물을 많이 만들어 냅니다. 그러다 곳에 따라 물이 부족하다든지, 양분이 부족하다든지, 많은 구름에 덮여 있다든지 하면 온도가 높더라도 유기물 생산량이 적습니다.

지구 전체에서 만들어 내는 순생산량은 바다보다 육지

가 두 배 정도 많습니다. 바다 면적이 육지보다 두 배 이상 넓지만, 육지는 바다보다 생산성이 높습니다.

이를테면 땅에서 사는 생물이 바다 생물보다 종류가 많고 빨리 자란다는 말이지요.

바다 속 깊은 곳에는 햇빛이 들어가지 못하여 생산자가 거의 없습니다. 바다 속 깊은 곳은 육지로 치면 사막과 같습니다.

양분은 밑바닥에 가라앉아 있고 햇빛이 잘 들어오지 않

으니까, 깊은 바다 쪽은 양분과 빛이 부족하여 생산성이 낮습니다.

바다에서는 생물이 빠르게 자라지 않으므로, 지금처럼 물고기를 마구 잡아들인다면 바다 생태계가 위험합니다. 희귀종의 멸종 속도는 더욱 빨라질 것입니다.

육지에서는 생태계가 빠른 속도로 자라고, 사람이 이용하는 양은 생태계 전체의 생산량에 비하여 아주 적습니다. 그러나 육지에서도, 생태계를 안정되게 이끌려면 사람의 보호가 필요합니다.

생태계는 시간이 지나도 어느 한도 이상으로 생물을 늘어나게 하지 못합니다. 생태계 자체의 한계가 있기 때문이지요.

생태계가 발달할수록 호흡량은 많아집니다. 가장 성숙한 극상 상태에서는 총생산량과 호흡량이 거의 같습니다. 다 자란 생태계에서는 만들어진 유기물이 거의 다 숨쉬는 일에 쓰이는 셈이지요.

생물은 자라나면서 일정한 시기에 빠르게 성장합니다. 사람이 청소년기에 제일 많이 자라다가 어느 순간 어른이 되고 나면 자라지 않는 것처럼 말이에요.

생태계도 제일 빠르게 자라는 시기가 있습니다. 그리고

가장 성숙한 시기에 이르면 더 자라지 않습니다.

생태계가 빨리 자랄 때에는 많은 양분이 생태계에 남아 있게 됩니다. 이것이 순생산량입니다.

돼지가 먹이를 먹고 살이 쪘다면, 돼지가 먹은 그 양분을 총생산량이라고 합니다. 그리고 살아가는 데 쓰고 남아서 돼지의 몸 안에 살로 쌓이는 양분을 순생산량이라고 합니다.

사람이 식량이나 그 밖의 필요한 것을 얻으려면 생물이 빨리 자라는 때를 이용하는 것이 좋아요.

펄프를 얻기 위하여 산에서 나무를 벨 때 제일 빨리 자라는 시기를 알아내서 나무를 자르면 숲을 한결 잘 관리할 수 있습니다.

물고기를 잡을 때에도 마찬가지입니다. 물고기의 종류에 따라 제일 빨리 늘어나는 때를 알아내서 잡으면 바다 생태계를 크게 해치지 않고도 식량을 얻을 수 있을 것입니다.

이런 방법은 생각을 넓히면 생태계의 모든 생물에 대하여 적용할 수 있습니다.

이렇게 생태계를 더욱 과학적이고 효율적으로 관리하는 것이 생태계는 말할 나위 없고 우리 자신도 보호하는 길입니다.

생태계에서 살아 남으려면

전쟁에서 이기려면 작전을 잘 세워야 합니다.

생태계도 마찬가지입니다. 생태계에서는 늘 치열한 전쟁이 일어나고 있는 셈이에요. 다른 생물과의 싸움에서 지면 그 생물은 결국 없어지고 마니까요.

생태계에서 생물이 종을 보존해 나가는 방법은 크게 나누어 두 가지입니다. 하나는 새끼를 되도록 많이 낳는 것이고, 다른 하나는 적게 낳아 잘 기르는 것입니다.

새끼를 돌보지 못하는 생물은 무조건 새끼를 많이 낳습니다. 이런 생물은 대개 수명이 짧고 특히 변화가 심한 환경에서도 빠르게 번성합니다. 아울러 새로 발달하는 생태계에서 경쟁자가 자라기 전에 재빨리 환경에 적응합니다.

생태계가 발달하기 시작할 때에는 빈 공간이 많이 있습니다. 그러므로 다른 생물의 영향을 받지 않고 자기의 번식 능력대로 번성해 가지요.

그런데 이런 생물은 환경이 아주 나빠지면 어린 시기에

모조리 죽기도 합니다. 환경이 그리 나쁘지 않아도 다 자라서 부모가 될 때까지 살아 남는 것은 얼마 되지 않습니다.

환경이 불안정할 때 빨리 자라다가 시간이 흘러 안정된 생태계로 바뀌어 다른 생물이 차츰 늘어나면 이런 생물은 살아가기가 힘들어집니다. 생물이 많아지면 그만큼 경쟁이 심해지기 때문입니다.

이런 생물은 새끼를 일일이 돌보아 주지 못하므로 한꺼번에 많이 낳아 그 중에 살아 남는 것들이 대를 잇도록 합니다. 그리고 환경의 변화에 매우 민감하게 반응합니다.

새끼를 적게 낳는 생물은 새끼가 죽지 않도록 전략을 세웁니다. 부모는 사랑을 많이 베풀고, 새끼가 스스로 살아갈 만한 힘이 생길 때까지 보살펴 줍니다.

이런 생물은 앞에서 말한 생물에 비하여 한결 안정된 환경에서 자라납니다. 환경 자원을 이용할 수 있는 생물이지요.

이들은 경쟁이 심한 곳에서 살아가기 때문에 수가 빠르게 늘어나지는 못합니다. 그리고 자라는 속도가 느립니다.

그러나 자원을 아주 효율적으로 이용할 줄 알고 몸집이 크기 일쑤입니다. 수명이 길어서 흔히 1년 넘게 살고 세대

간격도 깁니다.

코끼리와 거북, 사람 같은 생물이 바로 이렇지요.

이들은 오랫동안 살아가야 하므로 에너지의 대부분을 자신이 살아가는 데 써 버리고 새끼는 조금 낳습니다.

자연 생태계에서 생물이 늘어나는 속도는 얼마나 나서 얼마나 죽느냐에 달려 있습니다.

어느 생물이든지 계속 빠른 속도로 많아질 수는 없습니다.

주어진 환경에 맞추어 살 수 없을 정도로 수가 많아지면 환경은 생물에게 압력을 가합니다. 환경이 생물에게 주는 압력은 생물 집단을 전부 파괴해 버리는 것이 아니라, 생물이 계속 늘어나지 못하게 막는 것입니다.

생태계 발달 초기에는 먹이와 자원이 많고 천적과 경쟁자가 적습니다. 따라서 되도록 한꺼번에 새끼를 많이 낳는 생물이 자기 능력대로 늘어납니다.

보기를 들면, 갓 태어난 동물의 내장 속에 세균이 들어가면 세균은 빠르게 늘어나요. 또 죽은 지 얼마 되지 않은 식물이나 동물을 분해할 때에는 경쟁자도 없고 먹이도 많아서 세균의 수가 마구 늘어납니다.

그러나 시간이 흐르면 환경 조건은 충분하지 못하게 됩

니다. 생태계에 생물이 차면 생물의 수는 조금씩만 늘다가 어느 순간 더 많아지지 않고 그 상태를 유지합니다.

 이렇게 태어나는 생물과 죽는 생물의 수가 같아져서 균형이 이루어지면, 생태계가 생물을 받아들일 수 있는 능력의 한계에 이른 것입니다. 가장 성숙한 상태가 된 셈이지요.

 생태계에서 갑자기 어느 종이 빠른 속도로 늘어나는 경우가 있는데, 이것은 주변 환경의 영향입니다.

물 속에 생활 하수가 흘러들면 플랑크톤은 갑자기 많아진 양분을 이용해서 빠른 속도로 늘어납니다. 그러나 나중에는 환경의 저항을 받게 되어 죽어 갑니다.

생태계의 갑작스러운 변화로 균형이 깨지면 자연 환경이 크게 바뀝니다. 아울러 여기에 적응을 잘하는 생물은 많아지고, 적응하지 못하는 생물은 사라지면서 생태계는 더욱 불안정해집니다.

생물이 늘어나는 속도는 생물 종에 따라 다릅니다.

한꺼번에 새끼를 얼마나 낳느냐가 중요합니다. 일생 동안 새끼를 몇 번 낳느냐도 중요합니다.

일생 동안 열 번 새끼를 낳는 것과 두 번 새끼를 낳는 것은 차이가 크지요.

첫 새끼를 언제 낳느냐도 생물 집단이 늘어나는 속도에 커다란 영향을 미칩니다.

짚신벌레나 아메바와 같이 세포 하나로 이루어진 생물은 난 지 몇 시간이 지나지 않아서 또 새끼를 만들어 낼 수 있습니다. 이런 생물은 빠른 속도로 늘어나지만 오래 살지는 못합니다.

그런데 참나무는 적어도 십 년 이상 자라야 씨를 만들어 낼 수 있습니다. 그 대신 아주 오래 살지요.

첫 새끼를 낳는 생물의 나이가 어릴수록 생물 집단은 빠르게 늘어납니다. 환경이 허용하는 한 말이에요.

자연계의 생물은 환경에 따라 사는 종류도 다르지만 살아가는 방법도 다릅니다.

태어난 지 얼마 되지 않아 새끼를 배고 임신 기간이 짧은 생물은 새로운 환경에 재빨리 맞추어 나가고 환경을 이용할 줄 압니다. 그러나 환경을 지나치게 이용하다 보면 멸종하고 마는 수도 있습니다.

오래 살고 새끼를 적게 낳는 생물은 안정된 환경에 적응하여 살아가는 생물입니다. 지금 멸종 위기에 처한 오랑우탄·시베리아호랑이·고릴라·코뿔소·코끼리 따위는 모두 안정된 환경에서 느리게 번식하는 생물입니다. 그러므로 사람이 자연을 파괴하여 갑자기 환경이 바뀌면 거기에 적응하지 못하고 멸종하기 쉽습니다.

생물은 서로 작용을 합니다

생물은 온도나 습도 따위의 자연 환경에 많은 영향을 받지만, 다른 생물에게도 큰 영향을 받습니다.

서로 도움을 주는 생물은 모여 살고, 서로 해가 되는 생물끼리는 떨어져 살아요.

자연 생태계에서는 생물이 잔뜩 모여 사는 경우가 많습니다. 환경이 고르면 생물은 환경과 관계없이 자유롭게 퍼져 살지요.

그러나 자연계는 환경이 고른 경우가 드뭅니다. 온도와 습도가 다르고, 그늘진 곳과 밝은 곳이 있어요. 땅 속에 양분이 많은 곳도 있고 적은 곳도 있지요.

환경의 차이 때문에 생물은 자기가 좋아하는 곳에 한꺼번에 모여 삽니다. 그러므로 생물에게 주어지는 환경 자원이 부족하면 생물끼리 심한 경쟁을 하게 됩니다.

사막에서 사는 식물은 규칙적으로 분포하는 수가 많습니다. 그 이유는 물을 놓고 벌이는 경쟁을 될 수 있는 대로 줄이고 같이 나누어 쓰기 위한 것입니다. 이처럼 자원에 대한 경쟁이 극심한 곳에서는 생물이 흔히 규칙적으로 떨어져서 분포합니다.

두 종류의 생물이 오랫동안 서로 가까이 붙어 사는 경우에는 어느 한 종이 없어서는 안 될 만큼 도움을 주고받는 사이가 되기도 합니다. 이런 사이를 공생 관계라고 합니다.

커다란 상어의 등판에 붙어서 찌꺼기를 먹고 사는 빨판상어는 상어와 공생하고 있는 것입니다. 악어와 악어새도 공생하고 있고, 열대 지방에서 자라는 가시아카시아나무와

개미도 공생하고 있습니다.

그렇지만 생태계에서는 먹이 또는 삶터가 겹치는 바람에 경쟁하며 살아가는 생물도 있습니다. 나무끼리는 서로 빛을 많이 차지하려고 경쟁하는 수가 많아요. 경쟁 관계에 있는 생물은 서로 해를 입히기 일쑤입니다.

한 종은 먹이가 되고 한 종은 잡아먹는 사이도 있습니다. 물벼룩과 붕어, 얼룩말과 사자의 관계 따위가 그렇지요.

어느 한 종이 다른 한 종에게 해를 끼치며 붙어 사는 경우도 있습니다. 이를테면 기생하는 것이지요. 겨우살이는 참나무에 많이 기생하고, 사람의 몸에도 회충 따위가 기생하곤 합니다.

소나무와 가문비나무가 함께 산다면 어떤 관계가 될까요? 빈 자리가 많을 때에는 소나무의 씨가 빨리 싹이 터서 가문비나무가 자라는 것을 방해합니다. 가문비나무가 빽빽해지면 이번에는 소나무가 잘 자라지 못합니다.

식물끼리도 경쟁이 심해지면 서로 공격합니다. 동물처럼 몸으로 싸우는 대신 식물은 화학 무기를 사용한답니다.

식물은 잎이나 뿌리에서 화학 물질을 내는데, 이런 물질은 다른 식물이 옆에서 자라는 것을 방해합니다.

　소나무의 뿌리에서 나오는 물질은 이 물질을 싫어하는 식물이 옆에서 자라지 못하게 합니다.

　보리의 뿌리도 화학 물질을 뿜어 주변에 잡초가 자라는 것을 막습니다.

　파나 마늘에서는 휘발성이 있는 유황 화홥물이 나와 아무 식물이나 곁에서 살지 못합니다.

　이렇게 식물은 자신이 살아갈 장소를 확보하기 위하여 화학 무기를 사용하는 생리적인 적응을 합니다.

　산토끼와 살쾡이의 경우는 어떤 관계로 볼 수 있을까요? 살쾡이가 많아지면 산토끼는 대부분 살쾡이에게 잡아먹혀 죽습니다. 그러면 먹이가 부족해진 살쾡이도 이윽고

죽게 되지요.

먹고 먹히는 관계는 생물 집단의 크기를 조절하는 직접적인 원인이 되기도 합니다.

잡아먹는다는 것은 힘이 센 동물이 약한 동물을 먹어 양분을 얻는 것을 말합니다. 그런데 이와 달리 작고 약한 생물이 훨씬 크고 강한 생물에게 달라붙어 양분을 빼앗아 먹고 사는 경우도 있습니다.

촌충은 눈과 소화관조차 없는 간단한 구조의 생물입니다. 이 기생 생물은 척추 동물의 창자 같은 곳에서 온 몸으로 양분을 흡수하여 살아갑니다.

기생 생물은 자기가 붙어 사는 몸의 임자, 즉 '숙주'를 해롭게는 하지만 죽이지는 않아요. 숙주가 죽으면 자기도 살 수 없다는 것을 알기 때문이지요.

일정한 공간에서 많은 생물이 집단을 이루어 함께 살다 보면 부족한 먹이를 놓고 서로 경쟁하게 됩니다. 먹이가 부족하지 않더라도 먹잇감을 찾는 과정에서 세력권을 놓고 다투기도 하지요.

그러나 집단을 이룬 덕분에 좋은 면도 많이 있습니다.

새끼를 낳아 대를 잇기 좋고, 여러 눈이 살피니 적을 발견하기도 쉽지요. 또 일단 적이 침입하면 저희보다 강한 종류라 할지라도 여럿이 한꺼번에 공격하여 물리칠 수 있습니다.

다른 생물에게 공격을 받을 때에는 혼자 있는 생물보다 집단 안에 있는 생물이 훨씬 안전합니다. 전체의 양에 비하여 드러나는 부분이 적고, 주변 환경을 저희 쪽에 유리하게 변화시킬 수 있기 때문이에요.

이와 같이 서로 도움을 필요로 하는 생물은 수가 너무 적으면 집단으로 살아가기가 힘이 들어요. 거꾸로 수가 너무 많아도 경쟁이 심해져서 해가 되지요.

어느 생물이나 그 집단이 살아가고 번성하는 데에는 주어진 넓이에 제일 알맞은 생물의 수가 있습니다. 이것을

'알리의 원리'라고 합니다.
 생태계가 발달하는 과정에서는 자리를 차지하기 위한 경쟁이 심합니다. 그러나 생태계가 진화하고 발전하면 서로 해를 주는 관계는 차츰 줄어들고 도움을 주는 관계로 바뀝니다.
 생태계가 성숙한 단계에 이르면 서로 같이 사는 방향으로 나아갑니다.

생물도 서로 의사를 전달합니다

생물도 서로 의사를 전달합니다.

생물끼리 하는 의사 전달은 사회 생활을 하는 동물의 생활 수단이기도 하고, 서로 떨어져 있는 암컷과 수컷 사이에 짝을 찾는 수단이기도 합니다.

의사 전달이 되니까 새끼에게 먹이를 얻는 기술이나 위험한 장소를 가르쳐 줍니다. 그리고 일을 여럿이 나누어 할 수도 있습니다.

곤충은 페로몬이라는 화학 물질을 몸 밖으로 분비하여 의사 전달을 합니다. 짝을 찾으려고 페로몬을 분비하면 아주 먼 곳에서도 짝이 찾아옵니다. 물론 같은 종이 분비하는 페로몬에만 반응한답니다.

혹시 여러분은 영화에서 메뚜기 떼가 농작물에 해를 주는 것을 본 적이 있나요? 어떤 메뚜기는 수컷이 분비하는 페로몬에 의하여 갑자기 성장이 자극되어 떼를 지어 옮겨 가서 생태계에 해를 줍니다.

또 여러분은 개미가 줄을 지어 먹이를 나르는 것을 본 적이 있을 테지요. 개미는 어떻게 길을 잃지 않고 다닐까요?

먹이를 발견한 일개미는 자기 힘만큼 그것을 떼어 집으로 나르면서 길에다 페로몬을 뿌려 둡니다. 그러면 다른 개미도 알아차리고 먹이가 있는 장소로 찾아가지요. 시간이 지나면 페로몬 냄새는 날아가 버리고 맙니다.

같은 종의 곤충끼리 의사 전달을 할 때 쓰는 이 화학 물질은 효과가 뛰어납니다. 아주 적은 양만 써도 저희끼리 짝을 찾고 먹이를 구하고 방어를 하는 일 따위에 큰 도움이 됩니다.

물고기와 도마뱀, 새와 곤충은 색깔이나 자세나 움직임 따위로 의사 전달을 많이 합니다. 또 새와 곤충, 개구리와 같은 동물은 흔히 소리로 짝을 찾습니다.

척추 동물은 숨쉴 때 쓰는 관에 있는 막을 이용하여 소리를 내는 수가 많습니다. 사람은 그 중에서도 가장 다양한 소리를 내지요. 토끼는 땅을 굴러서 소리를 내고, 고릴라는 가슴을 쳐서 소리를 내기도 합니다.

수컷 개구리의 울음 소리는 같은 종의 암컷을 불러 모읍니다. 그러나 때로는 경계하는 울음 소리나 자기의 세력권을 알리는 울음 소리를 내기도 합니다.

 소리로 의사 전달을 하면 여러 가지 미묘한 감정까지 표현할 수 있어요. 그러나 소리는 한번 나오면 그대로 흩어져 버려서 시끄러운 곳에서는 제대로 전달할 수가 없습니다.

 파도가 세게 치는 바닷가에서 사는 새는 소리 대신에 눈으로 의사 전달을 많이 합니다. 새끼 갈매기는 어미의 부

리를 쪼아 대며 잡아 온 먹이를 토해 달라고 조르기도 합니다.

 벌은 춤으로 의사 전달을 합니다. 먹이를 발견한 정찰벌은 벌통으로 돌아와서 곧바로 꽃가루나 꿀을 내려놓고 꼬리춤을 춥니다.

 정찰벌이 춤추는 속도는 먹이가 있는 곳까지의 거리를 알려 주고, 꼬리춤의 방향은 먹이가 있는 곳의 방향을 태양의 방향과 관련지어 알려 줍니다.

 생물이 반드시 같은 종끼리만 의사 전달을 하는 것은 아닙니다. 어느 한 종이 다른 한 종을 꼬드기거나 알아차리는 방법도 여러 가지입니다.

 유카나무는 유카나방이 활동하는 밤에만 꽃을 피워 나방을 유인합니다. 이 식물은 밤에 가루받이를 하는 것이 자손을 퍼뜨리는 데 유리합니다.

 벼룩은 포유 동물의 따뜻한 체온에 끌립니다. 또 모기는 동물이 숨쉴 때 나오는 이산화탄소와 몸 냄새로 피를 빨아먹을 동물을 찾아갑니다.

 식물은 다른 생물 종과의 경쟁을 피하려고 독성 물질을 분비하기도 합니다.

 플라타너스는 벌레가 붙으면 잎에서 독성 물질을 만들

어 냅니다. 그러면 벌레는 그 물질이 싫어서 나뭇잎을 함부로 긁어먹지 못합니다.

그런데 같은 숲에서 어느 한 나무에 벌레가 붙으면, 근처에 있는 여러 다른 나무도 덩달아 벌레가 싫어하는 물질을 만들어 냅니다. 벌레 붙은 나무가 특수한 휘발 물질을 공기중에 내놓아 다른 식물에게 알리기 때문입니다.

이것은 식물끼리도 의사 전달을 하고 있다는 것을 뜻합니다.

생물은 환경에 따라 변합니다

생물은 주어진 조건에 강한 것과 약한 것이 있습니다.
두 종류의 생물이 서로 같은 조건을 원하다 보면 약한 생물은 사라지고 말 것입니다. 그러나 생태계에서는 약한 생물 종도 강한 생물 종과 함께 살아갑니다.
서로 원하는 조건이 같으면 경쟁을 피하려고 약한 종은 스스로 원하는 것을 조금씩 바꿉니다. 햇빛이 좋아도 그늘에서 살 수 있으면 살아야 하고, 환경이 좋지 않더라도 견디어야 합니다.
바닷가 모래밭처럼 환경이 좋지 않은 곳에서 자라는 식물은 다른 생물과의 경쟁에서 진 약한 생물입니다. 다른 생물과 경쟁할 만한 힘이 없어서 거듭 밀려난 결과 좋지 않은 환경에서 살게 된 것입니다.
지구에는 한 120만 종의 식물과 50만 종의 동물이 살고 있어요. 같은 종끼리는 흔히 하는 일이 같고, 사는 장소의 특성이 같습니다.

각 생물 종이 사는 방법을 생태학적 지위라고 하는데, 이것은 한 생물이 생태계에서 하는 역할을 말합니다. 이를테면 생물의 직업을 말하는 셈이지요.

생태계가 발달할수록 생물의 직업은 많아집니다. 생태학적인 지위가 나뉘어 다양해지는 것이지요.

생태학적인 지위는 다른 생물과의 관계도 보여 줍니다. 주로 먹이는 무엇인지, 천적은 무엇인지, 먹이가 모여 있는 장소는 어디인지, 어떤 조건을 제일 좋아하는지를 아는 것도 중요합니다.

생물은 온도, 습도, 빛의 밝기 따위를 따져 자기가 좋아하는 특징이 있는 장소에서 삽니다.

어떤 생물은 태평양의 밑바닥에서 살고, 또 어떤 생물은 히말라야 산맥에서 삽니다. 이와 같이 생물은 자기가 좋아하는 곳이 다르기 일쑤입니다.

흔히 생물은 종에 따라 활동하는 시기, 꽃이 피는 시기, 알을 낳는 시기 따위가 다릅니다. 같은 시기에 같은 일을 하면 생물 종끼리 경쟁이 붙기 때문입니다.

만일 두 가지 이상의 생물이 서로 똑같은 조건을 원한다면 심한 경쟁이 일어납니다. 그렇게 되면 약한 생물은 강한 생물에게 밀려 차츰 사라지고 맙니다.

약한 생물이 경쟁을 피하여 살아 남으려면 스스로 생태학적인 지위를 바꾸어야 합니다. 좋지 않은 환경에서 살아갈 수밖에 없는 것이지요.

생물은 자신이 견딜 수 있는 환경의 가장 큰 값과 가장 작은 값 사이에서 살고 있어요. 이를테면 물의 양이 너무 적거나 너무 많아 견딜 수 있는 범위를 넘으면 그 생물은 죽고 맙니다.

물이 너무 적으면 식물은 시들고, 너무 많으면 뿌리가 숨을 쉬지 못하여 썩게 되지요. 생물이 살려면 물은 늘 생물 자신이 견딜 수 있는 가장 적은 양과 가장 많은 양 사이에 있어야 합니다.

생물이 살아가는 데 필요한 양분도 너무 많으면 해가 되고, 너무 적으면 살 수 없습니다. 환경 조건은 언제나 적당한 범위에 있어야 합니다. 어느 한 환경 조건이 생물에게 좋지 않을 때는 다른 조건에 대한 적응력도 약해집니다.

생물은 생활하는 데 필요한 것 중에서 부족하거나 가장 약한 것에 지배받습니다. 이것을 최소의 법칙이라고 합니다. 보기를 들어, 토양 속에 다른 양분은 충분해도 질소가 부족하면 식물은 시들어 버립니다.

생태계는 가장 약한 부분의 상태에 따라 파괴될 수도 있고, 유지될 수도 있습니다.

생물은 어린 시기에는 내성(적응할 수 있는 성질)의 범위가 좁아서 환경이 나쁘면 잘 살지 못합니다. 내성의 범위는 생물의 일생에 걸쳐 한결같은 것이 아니라, 발달 시기나 처한 환경에 따라 달라집니다.

적응할 수 있는 범위, 즉 내성의 범위가 좁은 종은 아무 곳에서나 살지 못합니다. 바꾸어 말하면 살 수 있는 범위가 아주 좁습니다.

내성의 범위가 좁은 생물일수록 살던 지역이 파괴되거나 오염되면 멸종하기 쉬워요. 다른 곳으로 가서 살 힘이 없기 때문이지요. 이런 생물 종은 환경 오염에 유난히 민감합니다.

생태형

 적응할 수 있는 범위 즉 내성의 범위가 넓은 종은 널리 퍼져서 살아갈 수 있습니다.
 지구에서 가장 넓은 범위에 걸쳐 살아가는 생물 종은 바로 사람입니다. 사람은 뜨거운 적도 지방에서 추운 극지방까지 널리 퍼져 살지요.
 그러나 사람은 내성의 범위가 넓은 것이 아니라, 지혜로 내성의 한계를 극복했다고 볼 수 있어요.
 넓게 퍼져 사는 생물 종은 각 지역의 특성에 따라 적응 형태가 다릅니다. 같은 종이라도 자기가 사는 곳의 특성에 따라 생리적인 적응을 달리하거나 생김새가 달라지기도 합니다. 이런 특성이 자손에게 유전되면 이것을 생태형이라고 하지요.
 바다에서 사는 해파리도 따뜻한 남쪽에서 사는 남방형과 추운 곳에서 사는 북방형이 서로 다른 특성을 가졌어요.

남방형은 따뜻한 온도에서 활발히 움직이고 낮은 온도에서는 활동하지 못합니다. 북방형은 남방형이 움직이지도 못하는 낮은 온도에서도 활발히 움직입니다.
 이렇게 특색이 다른 해파리는 같은 종이면서 각각 다른 생태형을 보이는 것입니다.
 산길이나 시골길을 걷다 보면 길가에 질경이가 자라고 있어요. 질경이는 내성의 범위가 넓어 꽤 널리 분포합니다.
 해안 지방의 늪과 같은 지역에서 자라는 질경이는 크고 튼튼합니다. 그것에 비하여 해안의 절벽에서 자라는 질경이는 아주 조그맣습니다.
 그런데 겉모양이 다른 질경이를 똑같은 환경에 옮겨다 심어도 차이가 뚜렷하게 납니다. 이미 질경이의 특성이 유전되고 있기 때문이지요.
 이렇게 생태계에서는 같은 종이라 할지라도 자신이 자라는 지역의 특성에 적응하다 보니 서로 다른 생태형을 나타내는 종이 많이 있습니다.
 사람도 각 지역의 특성에 맞추어 진화해 왔으므로 특징적인 생태형을 나타냅니다.
 사람을 생물학적인 이름으로 '호모 사피엔스'라고 합

니다. 사람은 흑인이건, 백인이건, 황인이건 유전자는 놀라울 만큼 다양하지만 생태계 안의 단일 생물 종입니다. 그래서 어느 인종과도 짝을 지어 살 수 있어요.

그러나 사람이 사는 지역에 따라 겉모양에 꽤 차이가 납니다. 이것은 특정한 환경에 오랜 세월에 걸쳐 적응한 결과라고 말할 수 있습니다.

사람의 피부색은 살갗에 있는 흑갈색 색소, 즉 멜라닌 색소에 의하여 결정됩니다. 지구는 햇빛 속의 자외선을 받는 양이 지역에 따라 다릅니다. 사람의 피부색이 다른 것은 주로 그 때문이에요.

우리가 햇빛을 받으면 살갗에서 비타민 D가 만들어집니다. 비타민 D는 곧 핏속에 들어가서 몸 곳곳을 돕니다. 그러다가 뼈에 이르면 속에 칼슘이 잘 들어가게 하여 뼈를 튼튼하게 만들어 줍니다.

뼈가 약하면 부러지기도 쉽고 휘기도 쉬워요. 그러니까 적당히 햇빛을 받는 것은 우리 몸에 좋습니다.

살갗에서 생기는 비타민 D는 햇빛 속의 자외선이 만들어 주는 것입니다. 햇빛도 지나치게 받으면 좋지 않습니다. 자외선을 너무 많이 쬐면 세포에 해로우니까요.

아프리카에는 자외선이 많이 쏟아집니다. 아프리카

사람의 피부색은 그 자외선을 막으려고 저절로 검어진 것입니다. 살갗의 멜라닌 색소가 많이 드러나면 그렇게 되지요.

북유럽에는 자외선이 적게 비칩니다. 북유럽 사람의 피부색은 살갗의 멜라닌 색소가 조금만 드러나서 흰 것입니다. 그러면 자외선을 받기 좋으니까요.

이렇듯 사람의 피부색이 다른 것도 주어진 환경에 잘 적응하기 위하여 이루어진 생태형이라고 할 수 있습니다.

사람이 지역에 따라 코의 생김새가 다른 것도 환경에 적응한 결과입니다. 서아프리카처럼 덥고 습기가 많은 곳에서 사는 사람의 코는 구멍이 넓고 편평합니다. 이와 달리 춥고 건조한 곳에서 사는 백인의 코는 좁고 뾰족합니다.

추운 곳에서 사는 생물은 따뜻한 곳에서 사는 생물에 비하여 귀나 입 또는 꼬리와 같이 겉으로 나온 부분이 작기 일쑤입니다. 체온이 떨어지는 것을 막으려고 짧아서 전체적으로 둥그스름한 꼴에 가깝습니다.

동북아시아의 몽고 사람은 아주 추운 기후에 적응하기 위하여 흔히 키가 작고 몸이 통통하며 얼굴이 넓적합니다. 이와 달리 아라비아 사막 쪽 사람은 매우 덥고 건조한 기후 속에서 체온이 올라가는 것을 막으려고 팔다리가 길고

몸이 홀쭉하며 코가 큽니다.

  생물은 아주 오랜 세월에 걸쳐 환경에 적응하여 발달하다 보니 특유한 생태형을 나타내곤 합니다.

  생물 종은 주어진 환경에서 진화하고 있는데, 모든 환경에 적응할 수 있는 종은 없습니다. 어떤 형태의 조건에 적응하는 종은 다른 조건 속에서는 살지 못합니다.

  다른 환경은 다른 생물을 만들어 내고, 같은 생물끼리는 생태형을 만들어 내는 셈이지요.

지구 생태계 안의 여러 생태계

생물이 살아가려면 물과 에너지, 그리고 여러 가지 무기 염류가 있어야 합니다. 그런데 이런 것들은 공중이나 땅 속 깊은 곳에는 거의 없고 지구의 표면에 잔뜩 있습니다.

생물이 지구의 표면에 모여 사는 것은 그 때문입니다. 사과로 치면 껍질에 해당하는 곳에서 온갖 생물이 살아가는 것인데, 이 곳을 바로 생태계 또는 생물권이라고 합니다.

가장 큰 생태계인 지구 생태계는 강우량과 온도의 차이에 따라 여러 생태계로 나눌 수 있습니다.

지구의 기후는 곳에 따라 차이가 많이 납니다. 추운 극 지방도 있고, 사막도 있고, 더운 열대 지방도 있지요. 이렇게 기후 차이가 나는 것은 햇빛 때문입니다.

적도 지방은 햇빛을 맞받아 늘 온도가 높으므로 공기가 쉽게 데워지는 곳입니다. 공기는 데워지면 가벼워지니까 위로 올라갑니다. 높이 올라간 공기는 차츰 식어서 수증기 상태가 됩니다. 수증기가 모여 물방울로 엉기면 이윽고 비가 되어 내립니다.

적도 지방에는 비가 많이 옵니다. 열대 우림은 이와 같은 환경 속에서 이룩된 것이지요.

온도와 습도가 높은 곳에서는 많은 생물이 빠르게 자라납니다. 열대 지방에 울창한 숲이 생긴 원인은 따라서 태양에 있습니다.

한편, 적도 부근에서 위로 올라간 공기의 상당 부분은 둘로 갈라져서 북쪽과 남쪽으로 이동합니다. 그러면 공기는 온도가 더 내려가고 밀도가 높아지며 무거워집니다.

공기가 위로 올라가지 않는 지역에서는 비가 오는 일이 없어요. 바꾸어 말하면, 공기가 위에서 아래로 내려오는 고기압 지역에서는 날씨가 맑습니다.

건조한 공기는 땅 표면에 부딪치면서 물을 증발시켜 땅을 메마르게 만듭니다. 북아프리카의 사하라 사막과 칠레의 사막, 오스트레일리아의 사막이 다 이런 이치에 의하여 생긴 것입니다.

사막이 생기는 원인도 태양에 있는 셈이지요. 지구의 환경과 모든 생물은 태양의 작용에 절대적인 영향을 받습니다.

태양 에너지는 생태계를 이룩한 근본 에너지일 뿐 아니라, 생태계의 모든 생물이 리듬을 형성하면서 적응하도록 도와 줍니다.

태양의 적외선은 열을 공급해 줍니다. 그리고 자외선은 곤충이 꽃을 알아차린다든지 저희끼리 서로 알아차리는 데 도움을 줍니다.

물 속에서는 깊이에 따라 태양열이 흡수되는 정도가 다르고 파장의 분포가 달리 나타납니다. 이것은 수중 생태계의 생물 분포에 큰 영향을 줍니다. 땅에서와 마찬가지로 물 속에서 태양은 생물의 갖가지 상태를 만들어 냅니다.

지구에는 여러 형태의 특이한 생태계가 있습니다. 수중 생태계와 육상 생태계는 지구 생태계 다음으로 큰 범주입니다.

수중 생태계는 해양 생태계 · 하구역과 해안 생태계 · 하천 생태계 · 호수 생태계로 나뉩니다. 육상 생태계는 삼림 생태계 · 초원 생태계 · 사막 생태계 · 툰드라 생태계로 나뉩니다.

이 각각의 생태계는 다른 생태계와 물질과 에너지를 어느 정도 주고받지만 거의 독립되어 있습니다.

육상 생태계에는 위도에 따라 특색 있는 생물이 떼를 지어 살고 있습니다. 툰드라·침엽수림·활엽수림·초원·사막·열대 우림에는 서로 다른 생태계가 형성됩니다.

  육상 생태계에서 생물의 발달을 좌우하는 것은 물과 온도입니다.

  물이 부족한 곳에서는 생태계가 삼림으로 발달하지 못합니다. 삼림을 이룬 곳도 물이 부족해지면 초원으로 바뀌고, 더 건조해지면 황야로 바뀝니다.

  온도가 높은 곳에서는 미생물의 분해 작용이 왕성하지만 그만큼 수분 증발이 많게 됩니다. 추운 지방에서는 수분 증발이 적어 비가 조금 내려도 건조해지지 않지만, 더운 지방에서는 수분 증발이 많아 비가 적게 내리면 건조해집니다.

  생물은 위도에 따라 다르게 수평 분포하고 있는 것처럼, 높이에 따라서도 다르게 수직 분포합니다. 수직 분포도 수평 분포와 거의 같은 변화를 합니다.

  열대의 높은 산꼭대기에서도 툰드라 지역에서 볼 수 있는 것과 같은 생물이 자랍니다. 아프리카의 킬리만자로 산이나 남아메리카 안데스 산맥의 높은 봉우리에는 늘 눈이 쌓여 있어요.

  우리 나라의 제주도 한라산은 생물의 수직 분포를 살펴

보기 좋은 곳입니다. 한라산에서는 높이에 따라 생물 종이 다르게 나타나는 것을 뚜렷하게 볼 수 있습니다.

한라산의 가장 낮은 쪽인 해안에서 50미터 높이 정도까지에서는 난대성 식물인 상록 활엽수가 자랍니다. 그 위에서는 상록 활엽수와 낙엽 활엽수가 섞여 자라는데, 올라갈수록 낙엽 활엽수가 많아집니다.

침엽수림은 해발 80미터 지점부터 많이 보입니다. 그러다가 1300미터를 넘으면 키가 큰 수목은 나타나지 않고, 키가 작은 관목으로 바뀝니다. 이 위치를 수목 한계선이라고 합니다.

수목 한계선을 지나면 고산 식물이 자랍니다. 한라산의 경우에 수목 한계선 위에 있는 관목대에서는 천리송과 산진달래 따위가 자라고, 초본대에서는 바람꽃과 구름오이풀 따위가 자라요.

한라산이나 설악산 꼭대기처럼 높은 곳에는 바람이 심하게 붑니다. 그 바람 때문에 수분이 자꾸 증발하다 보니 건조할 때가 많아 높은 산에서는 키가 큰 나무가 자라지 못합니다. 그래서 특이한 고산 식물대가 형성되지요.

지구는 10분의 7이 물로 덮여 있습니다. 그러나 수중 생태계는 육상 생태계에 비하여 단순한 편입니다. 물은 온도

차이가 그리 심하지 않기 때문이지요.

햇빛은 물 속에서도 생물의 분포에 큰 영향을 미칩니다. 그리고 물 속에서는 염분의 농도 또한 생물의 분포에 영향을 줍니다.

바다 생물은 바닷물의 염분과 자기 몸 속의 염분이 다르지만 생리적으로 잘 적응하고 있습니다.

만일 바다에서 사는 생물을 강물에 넣으면 물이 몸 속에 들어가 팽팽하게 불어날 것입니다. 강에서 사는 생물을 바닷물에 넣으면 몸 속의 물이 빠져 나가 쭈그러들 것입니다.

물에서 사는 생물은 물 속의 염분 농도가 다르면 삼투압의 차이 때문에 좀처럼 견디지 못합니다. 그래서 바닷물과 강물에는 다른 생물이 살고, 서로 섞이기 어렵습니다.

그러나 연어나 뱀장어와 같은 생물은 염분의 농도에 특수하게 적응합니다. 이들은 바다에서 살다가 알을 낳을 때가 되면 강으로 돌아와요.

변화가 적은 깊은 바다에서는 물의 깊이에 따라 사는 생물이 다릅니다. 그러나 아주 깊은 바다에는 생물이 거의 없습니다.

호수는 물이 고여 있는 곳이라서 주변에서 오염 물질이 들어오면 빠르게 파괴됩니다. 이에 비하여 하천은 흐르면서 스스로 깨끗해지는 힘이 있어 쉽게 썩지 않아요. 그러나 갖가지 폐수가 자꾸 흘러들면 자정 작용도 한계에 부딪혀서 그 안의 생태계는 위협을 받게 됩니다.

도시 생태계

도시는 사람이 만들어 낸 가장 복잡하고 차원이 높은 환경입니다. 도시에는 자연 환경과 인공 환경이 함께 있습니다.

도로와 건물, 자동차와 기계처럼 사람이 만들어 놓은 것은 인공 환경입니다. 갖가지 생물, 공기와 물과 땅처럼 이미 주어진 것은 자연 환경입니다. 사람은 이렇게 인공 환경과 자연 환경 속에서 살아가고 있어요.

도시화는 자연 생태계가 발달하는 것과 마찬가지로 진화의 과정입니다.

원시 시대에 사람은 사냥감과 열매를 찾아 돌아다니며 살았어요. 사람이 모여서 정착 생활을 시작한 것은 농사를 짓게 되었기 때문입니다. 농업 사회는 차츰 산업 사회로 바뀌었고, 그 과정에서 곳곳에 도시가 생겼습니다.

그런데 언제부터 지구에 도시가 많아졌는지 딱 잘라 말하기는 어려워요. 단지 첫 도시는 적어도 5000년 전에 생

기지 않았나 짐작이 갈 뿐입니다. 도시는 고대 메소포타미아에서 처음 생긴 듯합니다.

도시는 사회적인 진화 과정을 거치면서 눈부시게 발달해 왔습니다. 서기 2000년까지는 세계의 인구 5명 중에서 4명이 도시에 살게 될 것이라고 합니다. 그러므로 사람은 거의 도시라는 환경, 즉 도시 생태계에 의존한 채 살고 있는 셈이에요.

자연 생태계는 생산자와 소비자 사이에 안정된 관계를 이루지만, 도시 생태계에서는 소비자가 많아서 필요한 물질을 다른 곳에서 들여와야 합니다.

도시 환경의 변화는 사람에 의하여 너무 빨리 일어나며, 그러다 보니 많은 문제가 생겨서 우리를 위협하고 있습니다. 어찌 보면 환경 문제는 속도의 문제라고 말할 수 있어요.

환경을 파괴하고 오염시키는 속도가 느리면 생태계가 스스로 조절 능력을 발휘하여 원래 상태대로 돌아가지만, 지금의 변화 속도는 너무 빨라서 생태계가 원래의 상태로 돌아가기가 힘들어졌습니다.

도시 생태계는 사람이 만들어 냈지만 그 안에서 일어나는 모든 일은 자연 생태계의 법칙대로 움직이고 있어요.

자연 생태계는 거의 자립하는 셈이지만 도시 생태계는 밖에 있는 환경에 의존합니다.

도시는 발달할수록 에너지를 많이 소비하면서 풍요로움과 생동감이 더해집니다. 도시가 커지면 고층 건물의 냉난방 시설, 엘리베이터, 에스컬레이터, 각종 교통 수단 따위를 통하여 많은 에너지를 소비하게 됩니다.

자연 생태계는 물질이 돌면서 유지되지만, 도시에서는 돈이 돌면서 도시를 발달시킵니다. 도시가 커지고 산업이 일어날수록 돈은 여러 단계를 거치며 돌게 됩니다. 아울러 직업이 다양해지고 사회 구조가 복잡해집니다.

가장 복잡하고 다양한 상태에 이르면 도시는 성숙한 상태가 되는 것이지요. 마치 자연 생태계가 가장 복잡한 상태가 되면 성숙한 단계에 이르는 것처럼 말이에요.

자연에서는 생태계가 발달할수록 식물이 많아집니다. 그러면 빛을 향한 경쟁이 심해져서 키가 큰 나무가 자꾸 생겨나고, 서로 양분을 얻으려고 땅 속 깊숙이 뿌리를 뻗습니다.

도시 생태계에서도 마찬가지입니다. 도시가 발달할수록 모자라게 되는 자원인 토지를 효율적으로 이용하기 위하여 더욱 높은 빌딩이 들어서고 거듭 지하 공간을 넓힙니다.

땅은 한정되어 있는데 사람이 자꾸만 모여드니 아파트나 높은 빌딩, 지하 공간 따위를 만들 수밖에 없어요.

점점 더 많아지는 건물과 모여드는 사람, 그리고 복잡해지는 활동으로 도시는 메워져 갑니다. 도시는 산업 혁명을 거치며 급격하게 늘어났고, 이와 더불어 사회 문제가 많이 생겼어요.

발달한 자연 생태계에서 빛이 들어오지 않는 곳이 생겨 음지 식물이 나듯이, 도시 생태계도 발달하면 빈민가와 살기에 좋지 않은 지역이 늘어납니다.

우리 나라의 도시화 속도는 여느 나라에 비하여 훨씬 빠릅니다. 그러다 보니 문제점도 많습니다.

우리 나라에서 가장 크고 성숙한 도시는 서울입니다. 산업 활동과 경제 활동이 그칠 새 없는 서울은 활기에 넘칩니다.

그러나 서울에는 사람이 너무 많아서 문제점도 많습니다. 사람이 자꾸 모여드니까 서울은 도시 개발 계획도 세우기 전에 마구 커지고 말았어요. 사람을 내보내려고 바깥쪽에 공업 단지를 만들기도 하였으나, 그 바람에 오히려 지방 사람이 더욱 몰려들었습니다.

도시가 발달하면 대체로 살기가 편리해지고 물질이 풍

부해집니다. 그러나 사람의 수에 비하면 집과 길, 상하수도 시설 따위가 모자라기 일쑤입니다. 또 가난한 사람과 부자의 차이가 심해지고, 직업이 없는 사람이 많아져서 범죄가 자주 일어납니다.

늘어나는 고층 빌딩은 자연과의 조화를 깨기 쉽고, 인공 환경으로 둘러싸이면 사람의 정서는 메마릅니다. 도시에서는 인공 환경과 자연 환경의 조화가 중요하지요.

그러므로 도시에는 녹색 공간이 필요합니다. 식물이 들어찬 녹색 공간은 사람의 정서를 가꾸어 줍니다. 아울러 식물은 대기 오염을 정화하는 구실도 하고, 도시의 열을 식혀 주며 소음을 줄여 주기도 합니다.

그러므로 도시 생태계에서는 물의 순환이 자연스럽게 일어나지 못하고, 하수도나 상수도나 인공 하천과 같이 사람이 만들어 놓은 물길을 따라 일어납니다. 숲이 거의 없고 콘크리트와 아스팔트로 뒤덮인 도시는 사막과 비슷합니다. 이런 곳에는 비가 조금만 많이 와도 홍수가 나기 쉬워요.

석탄이나 전력, 가스 따위로 도시에 들어온 에너지는 자꾸 인공열을 내놓습니다. 자동차나 공장이나 가정에서 나오는 가스가 많아지고 열을 사용하는 곳이 늘어나면서 도

시 생태계에는 열 공해가 생겨 납니다.

인공 열과 햇볕은 아스팔트나 보도 블록, 콘크리트 따위로 이루어진 도시의 지표에서 반사되고, 고층 건물의 높은 벽과 어두운 색의 지붕에 갇혀 기온을 높입니다. 더구나 많은 먼지와 이산화탄소와 수증기는 그 열을 가두어 도시를 '열섬'으로 만듭니다.

도시에서는 건물이 빽빽하게 모여 있는 중심 지역이 주변 지역보다 온도가 더 높아요. 그러므로 도심 쪽의 식물은 빨리 싹이 트고 꽃도 먼저 핍니다.

도시는 '먼지 지붕'을 만듭니다. 도시의 중심에서는 더운 공기가 위로 올라가고 옆에서는 찬바람이 불어옵니다. 이 때 위로 올라가는 공기가 온갖 먼지를 모아 먼지 지붕을 만드는 것이지요. 이 먼지 지붕 속의 재와 먼지는 자외선이 들어오는 것을 방해합니다. 도시에서는 먼지 지붕 때문에 햇볕이 약하지만, 공기가 맑은 시골에서는 햇볕이 강하니까 얼굴이 잠깐 사이에 검게 타는 것입니다.

도시에서는 빌딩의 수가 많아질수록 바람의 세기와 속도가 약해집니다. 건물이 함부로 들어차 있으면 공기가 제대로 흐르지 못합니다. 그러므로 오염 물질이 흩어지지 않아 공기가 깨끗해지기 어렵습니다. 도시에는 다른 지역보다 비가 더 내립니다. 그리고 겨울철에는 안개가 많이 생깁니다. 도시의 각종 오염 물질은 물방울이 쉽게 엉기도록 만들어요.

더구나 공장에서 많이 나오는 수증기는 더운 공기에 섞여 위로 올라가 도시에 더 많은 비를 내리게 합니다. 세계적으로도 대도시에는 비가 많이 오고 천둥, 번개, 폭풍이 많아지고 있다고 합니다. 도시 생태계는 이렇게 독특한 기후를 만들어 냅니다. 도시의 생물은 각종 오염 물질에 시달리며 달라진 기후에 적응해 나가야 합니다.

사람은 스스로 가축이 되려고 합니다

가축은 사람이 길들인 동물을 말합니다. 사람은 문화를 발전시키는 데 가축의 도움을 많이 받았습니다.

집에서 기르는 소나 말, 닭 따위도 옛날에는 모두 산과 들에서 살던 야생종이었습니다. 농작물이나 재배 식물, 원예종 또한 산과 들에서 피고 지던 야생종이었어요. 그런데 사람이 길들여 기르거나 가꾸면서 본디 지녔던 야생성을 차츰 잃게 된 것입니다.

가축의 이용은 불의 사용과 함께 인류를 문명 사회로 이끄는 데 결정적인 역할을 하였습니다.

사람은 가축에게서 먹이와 옷을 얻어 왔습니다. 또 가축을 교통 수단이나 힘든 일을 대신해 주는 수단으로 이용하게 되면서 가장 초보적인 노동에서 벗어날 수 있었습니다. 무엇이든 가축을 이용해서 해결하면 되었으니까요.

그러나 가축이 된 동물은 본디의 성질과 능력을 많이 잃었습니다. 자연 환경에 적응하는 힘도 훨씬 약해졌습니다.

　어느 동물이나 야생일 적에는 다른 동물과 경쟁하면서 먹이와 삶터를 스스로 찾았습니다. 그러나 가축이 되고 나서는 먹이와 잠자리를 사람이 마련해 주니까 경쟁 능력을 잃고 말았어요.
　농작물도 마찬가지입니다. 농작물은 사람이 계속 돌보아 주지 않으면 잘 자라지 못합니다. 편리함만을 추구하는

사람의 이기심이 야생 동식물의 생태까지 바꾸어 버린 것입니다.

물질 문명은 발달하면 할수록 자연과 반대 방향으로 나아갑니다. 그리고 파괴된 환경은 미처 깨닫지 못하는 사이에 우리를 위협합니다. 그 위협에는 물질적인 환경 파괴뿐 아니라 정신적인 환경 파괴도 포함됩니다.

현대 문명은 사람에게 편리함과 풍요로움을 가져다 주기는 하였으나, 자연을 무자비하게 파괴하였습니다. 그 결과 생태계의 균형이 깨지고 사람의 마음마저 메마르게 되었습니다. 사람은 환경에 적응하지 못하고 스스로 멸망할지도 모를 위험 속에 빠져들고 있습니다.

사람은 자연 환경과 차츰 멀어지면서 사람이 만들어 놓은 환경에 길들여지고 있습니다. 바꾸어 말하면 스스로 가축처럼 되어 가는 것이지요.

도시가 발달할수록 널리 퍼지는 인공 환경은 자연 환경에 대한 사람의 적응력을 더욱 약화시킵니다. 가축화는 점점 심해집니다.

아울러 사람은 자연을 자기 중심으로 바꾸어 놓으면서, 편의에 따라 자연의 종을 재배하고 개량시켜 인위종을 만들어 냈습니다. 사람이 바꾸어 놓고 새로 만들어 낸 생물은 내성의 한계가 좁아 변화하는 환경에 잘 적응하지 못합니다.

자연과 반대되는 방향으로 자꾸 나아가다 보니 사람은 오늘날에 이르러서는 자연 환경과 완전히 분리된 곳에서도 활동할 수 있게 되었습니다. 그 반면 자연에 대한 적응력이 떨어져 스스로 위협받고 있습니다.

자연을 사람에 맞추어 개발하는 방향에서 벗어나 환경과 조화를 이루도록 가꾸며 지켜 나가야 하겠습니다. 그렇게 하는 것만이 우리의 앞날을 밝혀 줍니다.

사람이 너무 많아요

　인류는 200만 년 내지 300만 년 전 빙하기 초기에 처음으로 지구상에 나타나서 구석기 시대를 거쳐 홀로세에 더욱 번창하였습니다. '홀로세'는 중석기 시대 이후 오늘에 이르기까지를 지질 시대로 구분하여 말하는 것입니다.
　석기 시대의 인류는 그저 생태계를 이루는 한 종의 생물이었고 수도 많지 않았어요.
　인구가 늘어난 초기에 사람은 열매를 따먹고 짐승이나 물고기를 잡아먹으며 살았습니다. 그 시대의 여자는 남자와 거의 똑같이 일했습니다. 먹을 것이 모자라면 여자도 남자와 같이 나가 열매를 따고 물고기를 잡았어요.
　그러나 먹을 것과 살 곳을 찾아 자꾸 옮겨 다녀야 했으므로 사망률이 매우 높았습니다. 어른도 오래 살기 힘들었지만 특히 어린아이가 많이 죽었어요. 그 시대에는 어린아이를 키우는 데 어려움이 많이 따랐습니다.
　그 시대의 엄마는 아기를 낳으면 세 살에서 네 살이 될

때까지 젖을 먹였습니다. 젖말고는 달리 먹을 만한 것이 마땅하지 않았기 때문이지요. 그러다 보니 한꺼번에 여러 아기를 키울 수 없어 터울이 많이 졌습니다.

  따라서 그 시대에는 출생률이 낮고 사망률은 높았습니다. 전체를 놓고 보면 인구는 조금씩만 늘어났습니다.

  농경 사회로 접어들자 인구는 한결 빨리 늘어났습니다. 옛날보다 힘을 덜 들이고 먹을 것을 구할 수 있게 되었기 때문이지요. 농사를 짓고 가축을 치기 시작하면서 사람은 일정한 곳에 머무르며 여럿이 모여 살게 되었습니다.

농경 사회가 열리면서 먹을 것을 마련하는 일은 주로 남자가 하게 되었습니다. 여자는 아기를 낳아 기르며 집안일에 힘을 기울였습니다. 또 가축을 길러 그 젖을 얻게 되자, 엄마가 아기에게 몸소 젖을 주는 기간이 훨씬 짧아졌어요.

초기 농경 사회에서는 출생률이 높아지고 사망률이 낮아졌습니다. 옮겨 다니며 살 때보다 먹을 것이 많아지고 생활이 안정되었기 때문이지요.

그러나 농경 사회 후기에는 사망률이 높아졌습니다. 그 무렵에는 부쩍 늘어난 인구로 말미암아 식량이 모자라게 되었고, 전쟁이 자주 났어요.

더구나 전염병까지 나돌자 인구가 오히려 줄어들었습니다. 1347년에서 1351년까지 4년 동안 7500만 명이 흑사병으로 죽었어요. 그 무렵 번졌던 흑사병은 역사상 일어났던 단일 재해, 즉 한 가지 재앙으로 입은 해 중에서 가장 큰 것이었습니다.

그 후 산업 혁명이 일어나서 생산 기술이 발전하니까 인구는 다시 부쩍 늘어났습니다. 산업 혁명은 인류의 생활을 새로운 차원으로 끌어올렸습니다.

넓은 면적에서 한 가지 작물을 재배하여 대량으로 식량을 생산하게 되었고, 가축도 많은 수를 효과적으로 기르게

되었습니다. 또 곳곳에 공장이 생기고 기계가 돌아가면서 물건을 엄청나게 만들어 냈습니다.

식량이 많아지고 물질이 풍부해지자 여자는 일찍 결혼하여 아이를 낳기 시작하였어요. 좋아진 영양 조건은 출산율을 높이는 데 크게 도움을 주었습니다.

이 시대에도 사람은 여전히 병에 많이 걸렸습니다. 그러나 의약 기술의 발달로 말미암아 사망률은 훨씬 낮아지게 되었습니다. 인류 사회에 의약 혁명이 일어난 것입니다.

1918년에는 인플루엔자 전염병으로 2100만 명이 죽는 바람에 갑작스럽게 인구가 줄어들기도 하였습니다. 그러나 의약 기술의 발달과 위생 시설의 보급으로 날이 갈수록 사망률은 낮아졌습니다.

역사상 인구 증가는 이처럼 농업 혁명과 산업 혁명, 의약 혁명 같은 세 번의 파동에 힘입은 바 큽니다. 다른 생물은 온도나 습도가 맞지 않으면 살 수 없고, 바다나 산맥에 가로막혀 삶터가 제한됩니다. 그러나 사람의 지혜로 이런 장벽을 극복해 왔어요.

사람에게는 문화적인 변화가 생물적인 진화를 대신했다고 볼 수 있습니다. 사람은 복잡한 일을 하면서 생각을 많이 한 덕분에 지혜가 자꾸 늘었어요. 농경 사회에서는 출생률도 높고 사망률도 높았습니다. 그러다가 산업 혁명이 일어나서 먹을 것이 많아지고 생활 수준이 높아지자 어린이가 죽는 일이 줄어들었습니다.

산업 혁명 초기에는 아이를 많이 낳는 것이 유행이었어요. 심지어 자녀가 많은 사람이 지위가 높은 것처럼 여겨지곤 하였습니다.

그런 유행이 생긴 것은 농사 규모가 커지고 공장이 들어서면서 일손이 많이 필요하게 된 사정과 관계가 깊습니다. 또 아이를 여럿 두어야 그 중에서 적어도 아들 하나는 살아 남아 대를 잇고 부모를 모시게 할 수 있다는 생각이 널리 퍼졌기 때문이기도 합니다.

세계는 산업 혁명 초기에 급격하게 인구가 늘어나는 단계로 접어들었습니다. 출생률은 높고 사망률이 낮은 상태가 계속된 것입니다. 인구 폭발 시대가 열린 셈이지요.

선진국의 인구 증가

산업의 발달과 의학 기술의 발달로 사망률이 낮아진 후에 거의 200년 동안은 출생률이 여전히 높았습니다. 그러나 다행히 선진국에서는 인구가 급격하게 늘어나는 것을 자발적으로 조절하여 1900년대에 들어서면서 출생률이 눈에 띄게 낮아졌습니다.

선진국에서는 수십 년 전부터 결혼을 늦게 하거나 아예 결혼을 하지 않는 여자가 많아졌습니다. 또 여자의 사회 활동이 늘어나면서 결혼을 하고서도 아이를 늦게 낳았어요. 여자 한 명이 낳는 아이의 수도 훨씬 적어졌습니다.

이런 사회적인 변화가 출생률을 낮추는 원인이 되었고, 선진국은 인구 문제 측면에서 전환기를 맞이했지요. 1700년대 말에는 유럽의 여자 한 명이 평균 다섯 명의 자녀를 낳았습니다. 그런데 요즈음에는 1인당 평균 1.5명을 낳습니다.

여자 한 명이 낳는 어린아이의 수가 줄어서 인구가 안정되었다고 하더라도 인구 증가율이 곧바로 낮아지는 것은 아닙니다. 이미 태어난 아이가 어른이 되어 다시 아이를 낳아 안정기에 이를 때까지는 인구 증가가 계속됩니다. 일단 안정된 시기로 들어갔을 때 한 가정에 두 자녀가 태어난다면 출생률과 사망률에 의한 증가율은 0이 되는 셈이지요.

아이를 적게 낳아 인구 증가율을 낮추는 것은 나라의 경제 발전과 깊은 관계가 있습니다. 국민 총생산에 비하여 인구가 빨리 늘어나면 일인당 평균 소득이 떨어지고 가난에서 벗어날 수 없습니다.

인구 증가율을 낮추려면 무엇보다 부모가 될 사람의 생각이 중요합니다. 그리고 자녀를 적게 낳으면 경제적으로나 사회적으로 이익이 되도록 정부에서 혜택을 주어야 합니다. 기본 생활과 노후를 보장해 주고, 여자한테도 일자리를 주어야 합니다.

선진국에서는 노인이 많고 젊은 사람이 적어서 사망률이 높게 나타납니다. 이렇게 선진국에서 나타나는 높은 사망률을 연령 구조의 효과라고 합니다. 요즈음 여러 선진국에서는 출생률이 낮아서 인구가 오히려 줄어들고 있습니다.

후진국의 인구 증가

세계적으로 퍼진 의약 기술과 위생 시설 덕분에 후진국도 많은 혜택을 입었어요. 그리고 농업과 산업의 발달은 아시아와 아프리카, 남아메리카 여러 나라의 사망률을 빠르게 낮추었습니다. 그런데 출생률은 그보다 천천히 낮아져서 인구가 급격하게 늘었습니다.

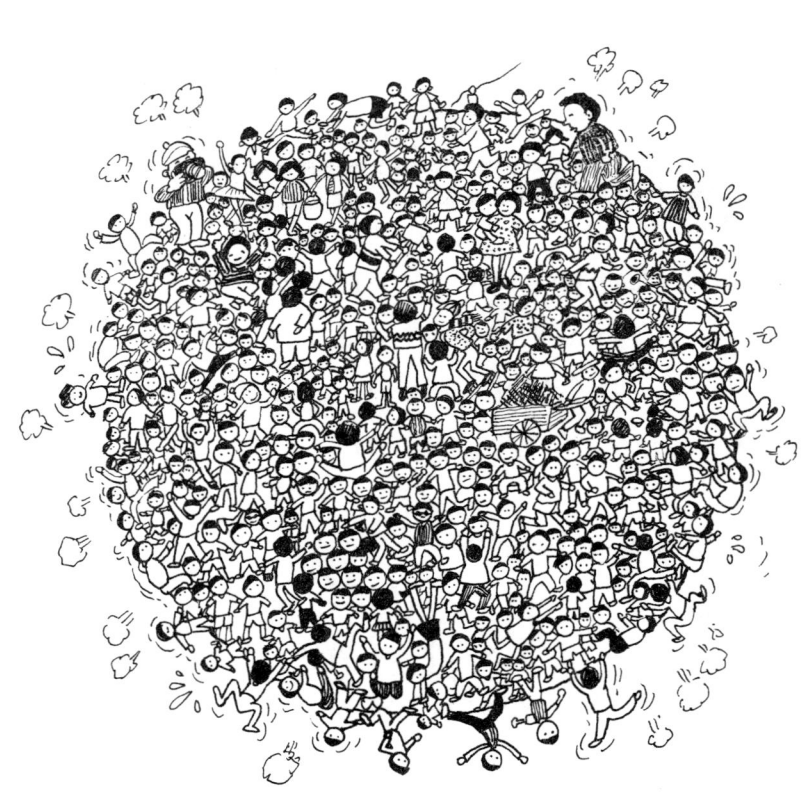

나이지리아·방글라데시·스리랑카·인도·파키스탄 과 같은 몇몇 나라에서는 폭발적으로 인구가 증가해 왔습니다. 후진국은 흔히 인구 증가율이 높아서 가난의 악순환에서 벗어나기가 더욱 어렵습니다.

사람이 부쩍 많아지면 자연을 마구 이용하여 생태계가 황폐해지기 일쑤입니다. 그러면 가뭄이나 홍수 같은 재해가 자주 생깁니다. 또 먹을 것이 모자라서 굶어 죽는 사람이 늘어납니다.

몇몇 후진국에서는 걸핏하면 산업 사회 이전의 농경 사회 때처럼 사망률이 높아지곤 합니다. 사람의 수가 너무 많아서 재난이 자꾸 생기다 보니 사망률이 높아지는 것입니다.

자연 생태계에서는 일정한 공간에 생물이 너무 많아지면 이윽고 떼죽음을 당하는 일이 드물지 않습니다. 후진국 쪽 사람에게도 비슷한 위기가 닥치지 않을까 걱정이에요.

방글라데시는 인도 북동쪽에 있는 가난한 나라입니다. 이 나라에서는 어린아이가 무척 많이 태어나지만 재해로 죽는 사람도 많습니다. 이런 식으로 인구 증가율이 낮아지는 것은 슬픈 일입니다.

후진국에서도 선진국처럼 스스로 인구 증가율을 낮추려

는 노력을 기울여야 합니다. 인구 증가율을 낮추려면 정부에서 정책적인 배려를 하여 병원이나 사회의 서비스 시설을 온 국민이 골고루 이용할 수 있도록 이끌어야 합니다.

인구 통계학자들은 대만과 우리 나라를 인구 정책에 성공한 나라로 평가하고 있습니다. 중국은 부부 사이에 어린 아이를 하나만 낳도록 정부에서 시키는 바람에 인구 증가가 늦추어진 나라입니다.

필리핀과 멕시코와 브라질 같은 나라는 경제가 빨리 발전한 편이지만 고르게 발전하지는 못하였습니다. 그러므로 국민 중에서 일부 사람만 잘살고 많은 사람은 여전히 가난에 허덕이고 있습니다. 이들 나라에서 태어나는 아이의 수를 줄이지 못하고 있는 것은 그 때문인 것으로 보입니다.

여러 후진국에서는 사람이 너무 많아서 해마다 500만 명 내지 2000만 명의 사람이 죽어 가며, 수백만 명이 굶주림에 허덕이고 있습니다.

먹을 것이 부족하여 시달리다가 자란 뒤에는 실업자가 되곤 합니다.

1991년 한 해에 지구에서는 가난 때문에 50만 명의 어린이가 죽었다고 합니다. 현재 대략 12억 명이 먹을 것조차 제대로 먹지 못하는 절대적 가난에 시달리고 있습니다.

후진국과 선진국의 빈부 격차는 1980년대에 들어 더욱 커졌습니다.

사람이 너무 많아요. 가난한 나라는 사람이 많아서 더욱 가난해지고, 부유한 나라는 사람의 수에 비하여 자원을 너무 많이 쓰면서 환경을 오염시키고 있습니다.

우리 나라의 인구 증가

우리 나라는 사망률이 낮고 출생률도 낮아 인구 증가 면에서 전환기를 맞이하고 있습니다. 이대로 나가면 2020년쯤에는 인구 증가율이 0인 안정기로 접어들게 됩니다. 그 때가 되면 남한의 인구가 5000만 명을 넘어서는 대신 평균 수명이 길어져 노인의 수가 많아질 것으로 보입니다.

1960년 무렵에 한국 사람의 평균 수명은 52.6세였으나 1989년에는 70.8세로 30년 사이에 18세쯤 늘어났습니다. 의학이 발달하면서 어린이의 사망률이 크게 낮아진 것이 평균 수명이 늘어난 중요한 이유입니다.

또 1960년 무렵에는 우리 나라 여자 한 명이 평균 6명의 어린아이를 낳았으나, 1990년에는 1.6명을 낳았어요. 1.6명이면 서유럽 선진국보다는 많지만 후진국이나 세계의 평균보다는 적은 수입니다.
　여러 가지 통계 자료를 살펴보면 우리 나라의 인구 증가 문제는 이제 고비를 넘긴 듯합니다. 바람직한 쪽으로 풀리고 있는 것이지요. 인구 증가율이 안정기로 접어드는 나라에서는 노령화 사회에 대비하는 정책이 필요합니다.

생물의 종류가 바뀌어 갑니다

생태계에서 생물의 종은 끊임없이 변화합니다. 그런데 긴 시간을 놓고 보면 자꾸 다른 종이 들어와서 토박이를 밀어 내고 그 자리를 차지함으로써 생물 종이 바뀌기도 합니다.

바다처럼 환경이 안정된 곳에서는 수천 년 동안 계속 같은 생물 종이 삽니다. 그러나 똑같은 곳에서도 시간이 지나 환경이 바뀌면 생물 종도 바뀌어 갑니다. 어떤 생물이 환경의 변화에 제대로 적응하지 못하면 그 생물은 다른 생물 종에게 밀려납니다.

미국 남캘리포니아 해안의 한 섬에서 1917년과 1968년에 생물 종의 수를 조사한 적이 있습니다. 그 조사에 따르면 1917년에 발견된 11종 중에서 1968년에 다시 발견된 것은 5종뿐이었습니다. 그 나머지 6종은 모두 바뀐 것이지요.

흔히 종의 변화는 매우 느리게 일어납니다. 그러나 작은 섬 같은 곳에서는 생물 종이 빨리 바뀌는 수가 많습니다. 섬이나 산꼭대기, 호수나 늪처럼 작고 외딴 생태계일수록 생물 종의 변화가 빠르게 일어납니다.

여러 섬의 지형이 서로 엇비슷하다면 규모가 큰 섬일수록 생물 종이 많고, 육지에서 가까운 섬일수록 생물 종이 많습니다. 따라서 종을 보존하려면 넓은 지역을 택하여 많은 종을 포함시켜야 합니다.

좁은 곳에서는 경쟁력이 약한 종이 살아 남기 힘듭니다. 그러나 넓은 곳에서는 경쟁력이 약한 종도 자신의 생태적인 지위를 분화시켜서 다른 종과 함께 살 수 있습니다.

좁은 곳에서 사는 생물은 다른 종과 경쟁을 충분히 거치지 않아 경쟁력이 약합니다. 그렇지만 대륙같이 넓은 곳에서 자란 생물은 오랜 세월 동안 경쟁을 거쳐 살아 남은 종이기 때문에 경쟁력이 강합니다.

그러므로 대륙의 생물이 섬에 들어서면 토박이 생물은 밀려나기 일쑤입니다. 섬의 생물 종이 자주 바뀌는 것은 그 때문이에요.

갈라파고스 제도의 아빙돈 섬에서 살던 거북은 다른 생물과 경쟁하다가 져서 멸종하고 말았습니다. 대륙에서 들어온 생물에게 밀려난 셈이지요.

아빙돈 섬의 거북은 좋아하는 식물 한두 가지만 골라 먹고 살았습니다. 그런데 사람이 대륙에서 염소를 들여오자 거북에게 위기가 닥쳤습니다.

염소 떼는 아무 식물이나 닥치는 대로 먹어 치웠습니다. 그 속에는 거북이 먹고 사는 식물도 포함되어 있었습니다. 거북은 먹이 경쟁에서 지는 바람에 이윽고 그 섬에서 사라지고 말았습니다.

생태계에서는 이처럼 다른 곳에서 온 생물 종에게 밀려 토박이 생물 종이 멸종하는 경우가 드물지 않아요. 아빙돈 섬의 거북은 먹이를 골라 먹는 특성 때문에 살아 남기가 더욱 어려웠습니다.

생물의 역사를 돌이켜보면 가장 성숙한 상태의 생태계를 이루던 생물 종이 급격한 환경 변화로 말미암아 사라지고 다른 생물 종으로 바뀐 것을 알 수 있습니다. 빠르게 진화한 생물일수록 멸망 또한 빨리 찾아왔습니다.

지구에서는 생물 집단이 대량으로 멸망하는 시기가 몇 차례 반복되었습니다. 어느 생물 집단이 멸망하면 거기에 새로운 생물 집단이 들어와서 번성하다가 다시 다른 생물 집단으로 바뀌곤 하였습니다.

기후가 갑자기 바뀌었다든지, 지진이나 화산 폭발, 홍수와 같은 커다란 변화로 생물 집단이 사라져 버리는 경우도 있답니다. 이런 일은 흔히 자연 현상에서 비롯하지만, 오늘날에는 오히려 인간의 활동으로 말미암아 사라지는 생물 집단이 많아지고 있습니다.

뒤집어 말하면, 사람이 바꾸어 놓은 환경에 잘 적응하는 생물 종은 오늘날 지구에서 번성하고 있습니다. 비둘기, 토끼, 쥐, 사슴 따위가 그렇지요.

몇몇 가지 짐승은 도시의 팽창과 더불어 그 주변으로 모여들기도 합니다. 미국 동북부의 여러 도시 근처에는 토끼, 다람쥐, 북아메리카너구리, 스컹크, 주머니쥐 따위가 흔합니다. 사람이 살지 않는 곳보다 도시 근처에 오히려 이런 짐승이 많습니다.

아프리카의 일부 지역에는 마을 근처에 하이에나가 꽤 많습니다. 사람이 모여 사는 곳 가까이 오면 먹이를 쉽게 구할 수 있기 때문이에요.

그러나 우리 나라에서는 사정이 퍽 다릅니다. 도시를 건설할 때 자연 생태계를 없애 버리는 수가 많거든요. 그러니까 사람이 기르는 것말고 다른 동물은 찾아보기 어렵습니다. 바퀴와 파리, 모기를 빼면 집쥐 정도가 고작이에요.

사람의 활동 공간이 넓어지면서 생물 종이 줄어들고 있

는 것은 사실입니다. 그러나 몇몇 종은 오히려 수가 급격히 불어나기도 하였습니다. 그런 종에게는 사람의 활동으로 말미암아 새롭게 바뀐 환경이 살아가는 데 유리하게 작용한 셈이지요.

영국에서는 중세 초기에 지중해 연안에서 토끼를 처음 들여왔습니다. 길러서 고기와 털을 얻으려는 생각에서 말이에요.

사람은 토끼를 기르면서 매나 이리 같은 육식 동물을 자꾸 잡아 없앴습니다. 또 숲을 없애고 풀밭을 넓혀 토끼가 살기 좋도록 만들어 주었습니다. 이윽고 토끼는 영국에서 아주 흔한 짐승이 되었지요.

쥐 같은 설치류는 사람이 버린 음식 찌꺼기를 즐겨 먹습니다. 숲에서 살던 새인 지빠귀는 사람 근처에서 여러 세대를 살아오는 동안 사람을 무서워하지 않게 되었습니다.

요 수십 년 동안 온대 지방의 바닷가에는 여러 종류의 갈매기 수가 급격하게 늘어났어요. 갈매기는 사람이 바닷가에 버린 음식 찌꺼기를 먹고 많아진 것입니다.

큰 도시를 낀 바닷가에서는 겨울에 사람이 과자를 던져 주면 갈매기 떼가 모여들기도 합니다. 겨울에는 바닷가에 버려지는 음식 찌꺼기가 많지 않아서 갈매기가 먹이를 구하기 어려워집니다. 그러다 보니 과자를 던지는 몸짓만 하여도 한꺼번에 날아들기 일쑤입니다.

사람이 버린 쓰레기에서 먹이를 찾는 갈매기가 많아졌어요. 그러나 이런 갈매기 떼가 바닷가에 서식하면 제비갈매기 같은 희귀한 종한테는 좋지 않은 영향을 줍니다.

이와 같은 보기는 사람의 활동 결과가 자연스럽게 생물 종에게 영향을 끼친 것입니다. 그러나 어느 경우에는 사람이 일부러 생물 종을 널리 퍼뜨립니다.

돈을 벌려고 계획적으로 야생 동물을 기르는 경우도 적지 않아요. 야생 동물은 흔히 환경에 대한 적응력이 가축보다 뛰어납니다. 사람이 가두어 기르는 야생 동물은 차츰 가축이 되어가는 것이나 마찬가지입니다.

옛 소련에서는 사이가영양이 멸종 직전에 몰리자 사냥을 금지하고 사육에 힘쓴 적이 있어요. 그랬더니 1000마리쯤이던 영양이 나중에는 200만 마리 이상으로 늘어나서 널리 퍼지게 되었습니다.

이처럼 멸종 위기에 처한 생물을 사육하여 자연 생태계로 돌려보내는 것은 종을 보호하는 좋은 방법입니다.

도시의 면적이 넓어지면 야생 생물은 줄어들지만, 사람의 생각에 맞추어 개량된 생물 종은 늘어납니다. 식물은 원예종으로 바뀌고, 동물도 인위적으로 개량된 애완종으로 바뀌면서 전체적으로 볼 때 생물 종이 단순해집니다.

포유 동물은 식물 생태계가 변하는 것에 따라 종류와 수가 달라집니다. 식물 생태계가 파괴되면서 포유 동물은 야생종이 차츰 줄어들고 있습니다.

조류도 딱따구리처럼 숲에서 사는 종은 줄어들고 있어요. 참새와 까치, 비둘기 같은 종은 도시나 근교에 자리를 잡으며 더욱 많아진 듯합니다.

어류는 댐과 간척 사업 따위로 말미암아 연어와 뱀장어 같은 회귀성 물고기가 적어지고 있습니다. 공장에서 흘려보내는 갖가지 폐수와 집에서 흘려보내는 생활 하수는 하천에서 사는 물고기의 종을 바꾸어 놓았습니다. 농어가 사라지고 메기가 들어오기도 합니다. 오염이 더욱 심해지면 나중에는 미생물만 남게 될지도 모릅니다.

곤충은 농약을 비롯한 오염 물질 때문에 줄어들고 있습니다. 다만 살충제에 견디는 힘이 생긴 몇몇 해충은 늘어난 듯합니다.

생물 종이 사라지고 있어요

  국제 자연 보존 협회의 보고에 의하면 현재 약 280종의 포유류와 350종의 조류, 그리고 2만 종의 식물이 지구에서 사라져 버릴 위기에 놓여 있습니다. 여기에는 시베리아호랑이, 고릴라, 청고래, 코뿔소, 오랑우탄, 아시아코끼리, 두루미 따위가 포함됩니다.
  1990년 1월에 옛 소련의 모스크바에서 열린 집회에서는 환경이 악화되고 삼림이 훼손되어 날마다 약 100종의 생물이 지구에서 사라지면서 생태계의 균형이 깨지고 있다는 보고가 나와 많은 사람이 충격을 받았습니다.
  지구에서 생물의 종이 빠르게 줄어들고 있다는 것은 무엇을 뜻할까요? 그것은 지구 생태계가 빠른 속도로 불안정해지고 있으며, 사람의 활동이 자연을 파괴하고 있음을 뜻합니다.

사람이 야생 생물을 마구 잡아들이고 있어요

지구에서 사라질 위험에 처한 생물 종 중에서 특히 상품 가치가 높은 종은 빠르게 줄어들고 있습니다. 사람은 옛날부터 다른 동물의 뿔이나 가죽, 털, 깃털, 이 따위를 탐내 왔어요.

아프리카에서는 상아를 뽑아 팔려고 밀렵꾼이 코끼리를 잡아죽이곤 합니다. 코끼리를 보호하려고 애쓰는 사람도 있지만 상아를 탐내는 사람이 아직 많으니까 팔아서 돈을 벌려고 몰래 잡습니다. 상아는 코끼리의 앞니 중에서 두 개가 뻗어 나온 것이에요.

코뿔소는 옛날에 전쟁이 벌어지면 이용되곤 하던 튼튼한 동물입니다. 그런데 뿔이 비싸게 팔리자 마구 잡아들이는 통에 1970년에는 6만 마리에 이르던 코뿔소가 이제 아프리카를 통틀어 3800마리쯤밖에 남지 않게 되었어요.

케냐에서는 코뿔소가 사는 곳에 1미터에서 3미터 높이로 네 가닥에서 열 가닥의 전선을 둘러쳤어요. 그러고는 태양 에너지를 이용하여 코뿔소를 보호한답니다. 지구에서 생물 종이 사라지는 것을 막으려고 태양 에너지를 이용하는 우리까지 세운 셈이지요.

　우리 나라에서는 곰의 쓸개인 웅담이 건강에 좋다고 하여 곰을 잡아들인 탓에 이제는 거의 다 없어졌습니다. 중국에서는 호랑이 뼈를 약으로 만들어 먹으면 몸에 힘이 난다고 호랑이를 잡아들였습니다.
　정력을 북돋는다는 뱀과 신경통에 잘 듣는다는 두꺼비, 그리고 오소리와 사향노루 따위도 약재에 쓰려고 마구 잡아들인 탓에 얼마 남지 않았어요. 사람은 몸에 좋다고 하면 개구리나 지렁이까지 잡아먹으니 참 큰일입니다.
　죽은 물고기 따위를 먹어 치우며 바다의 청소부 노릇을 하는 상어가 요 10년 사이에 갑작스럽게 줄어들었습니다. 몇몇 돈 많은 사람이 상어 고기뼈 지느러미며 알 요리를 즐겨 먹게 된 탓이에요.

동물만이 아닙니다. 난류와 백합류를 비롯한 식물 또한 마구 뽑히고 있습니다. 야생 선인장이나 산삼 같은 약용 식물은 이제 서식처에서 거의 찾아볼 수 없습니다.

사람은 이처럼 생물체를 직접 죽임으로써 여러 생물 종을 멸종시키고 있어요. 그러므로 상품으로 가치가 있는 생물 종을 보호하기 위한 대책이 더 많이 나와야 합니다.

야생 생물이 사는 장소가 파괴되고 있어요

종을 위협하는 다른 원인 중의 한 가지는 야생 생물이 서식하는 장소가 파괴되는 것입니다. 사람은 야생 생물의 서식 장소를 오염시킬 뿐 아니라, 숲을 없애고 도로나 도시 또는 공장 따위를 세워 동식물이 살아가는 장소를 파괴하고 있습니다.

맑은 개울에서 알을 낳는 물고기인 피라미는 수질이 오염되자 알을 낳을 장소를 찾지 못하여 멸종되고 있습니다. 물고기는 아니지만 가재도 퍽 드물어졌어요.

우리 나라에서 철새가 가장 많이 찾아오던 을숙도는 낙동강 하구둑 공사로 말미암아 생태계가 파괴되었습니다.

을숙도 쪽으로 날아드는 철새는 한때 100종이 넘었으나 그 후에는 20종도 채 날아들지 않은 해도 있어요.

온 세계에 퍼져 살던 사자는 현재 200마리 정도만이 그나마 보호 구역에 남아 있을 뿐입니다. 인도에서는 숲에서 먹이를 구하지 못한 호랑이가 사람에게 덤비기도 한답니다.

열대림에서는 생물 중 3분의 2에 해당하는 종이 달라진 환경에 적응하지 못하여 생명을 위협받고 있습니다. 이런 경우 어느 한 영양 단계의 생물이 사라지면 잇달아 생물 사이의 균형이 깨지면서 자칫 열대림 생태계 전체가 파괴되는 현상으로까지 이어지지 않을까 걱정스럽습니다.

그리고 산업 매연이 많은 지역에서는 식물이 심하게 파괴되고 있습니다. 환경 변화에 민감한 종일수록 피해가 커요.

아황산 가스 오염으로 도시 근교에서는 돌멩이에 붙어 사는 이끼류가 급속히 사라져 버렸습니다. 캐나다의 서드버리 광산에 있는 제련소 부근에서는 전나무가 매연으로 거의 다 죽어 버렸습니다.

도시의 스모그는 식물의 광합성을 감소시키며, 싹이 트고 꽃이 피는 것을 방해합니다. 나무도 대기 오염에 강한

종이 아니면 도시의 가로수가 되기 어렵습니다.

더구나 요즈음에는 산성비가 북반구 여러 나라의 숲에 심각한 해를 끼치고 있어요. 우리 나라에 내리는 산성비는 중국에서 퍼진 오염 물질이 원인일 때가 적지 않아요.

흙 속에 들어간 중금속은 미생물, 특히 균류에게 독소로 작용하기 일쑤입니다. 그러면 미생물이 낙엽을 분해하는 속도가 떨어지든지 하여 환경에 영향을 줍니다.

툰드라 지역처럼 기온이 아주 낮은 곳에서는 생태계가

일단 파괴되면 회복 속도가 매우 느립니다. 그러므로 이런 지역에 환경 오염이 심해지면 정말 큰 일이에요.

 농업의 발달로 말미암아 생물의 서식지가 파괴되는 것도 문제입니다. 농경지가 넓어질수록 야생종의 삶터는 좁아집니다. 그러면 사람이 바꾸어 놓은 환경에 잘 적응하는 몇 가지만 남아 생물 종이 단순해질 수밖에 없습니다.

 사람은 생물을 개량한다는 구실로 갖가지 변종을 만들어 내기까지 합니다. 이런 짓도 결국 생물 종을 단순화합니다. 사람의 마음에 들지 않는 것은 차츰 사라지게 될 테니까요.

 사람이 전기를 얻으려고 돌리는 수력 발전용 터빈은 가까운 수중 생태계에 많은 문제를 일으킵니다. 터빈이 직접 물고기를 빨아들여 죽이기도 하지만, 터빈에서 나온 공기 방울이 몸 속에 병을 일으켜서 물고기를 죽게 만들기도 합니다.

 물을 흐리는 것도 수중 생태계에 나쁜 영향을 줍니다. 물이 더러우면 살지 못하는 수중 생물이 아주 많아요.

 물이 흐리면 햇빛이 잘 들지 않아 광합성을 하기 어려우므로 수중 식물은 자랄 수가 없습니다. 물고기는 앞을 보기가 어려워져서 먹이나 짝을 찾지 못하여 사라지기 일쑤입니다.

　밖에서 흙이 들어오든지 하여 물이 몹시 흐려지면 물고기는 아가미에 흙가루 따위가 끼여 숨을 쉴 수조차 없게 됩니다. 광산에서 밀려나온 흙, 바닷가를 메우는 곳에서 퍼진 흙, 그리고 나무를 베어 낸 곳에서 빗물에 씻겨 내린 흙 따위가 물을 흐리는 수가 많아요.

　바다는 넓어서 자기 조절 능력이 강하지만, 생태계가 계속 파괴되면 많은 종이 사라져서 회복될 수 없습니다. 해양 생물의 보존은 생태계의 균형을 유지하는 데 매우 중요합니다.

　지금까지 남은 고래의 수는 1900년대 초의 7퍼센트에 지나지 않습니다. 사람이 잡아들인 고래도 많지만, 해양 환경의 파괴가 얼마나 심한지 알 수 있겠지요.

　오늘날 지구에서 생물 종이 사라지는 속도는 선사 시대에 비하여 1000배나 빠르다고 합니다. 사람의 활동이 생태계에 미치는 영향이 그만큼 나쁘게 변하였습니다.

다른 지역에서 온 생물이 토박이 생물을 위협하기도 합니다

사람은 직접 생물을 없애기도 하지만 별다른 생각 없이 하는 일로 생물을 위협하고 사라지게 만드는 경우도 있습니다.

교통 통신이 발달하면서 사람과 물건이 여러 나라를 거치며 활발하게 이동하고 있습니다. 그런데 이 과정에서 우연히 동식물이 다른 지역에서 들어오거나 사람이 일부러 어떤 동식물을 들여올 때 문제가 생기곤 합니다.

새로 들어온 외래종이 토박이 생물을 잡아먹는 수도 있습니다. 또 기생하거나 병을 일으켜 큰 해를 입히든지, 경쟁을 통하여 토박이 생물을 몽땅 죽이기도 합니다. 미국에서는 중국에서 들어온 기생충에게 시달리다가 너도밤나무가 사라지고 만 일도 있어요.

자연 생태계에서는 잡아먹는 생물과 먹히는 생물 또는 숙주와 기생 생물이 오랫동안 함께 살면서 서로 균형을 이룹니다. 잡아먹는 생물은 먹이를 다 먹어 없애지 않고 남겨 둡니다. 먹이가 없어지면 자신도 죽게 되므로 자연의 이치에 따라 조절이 이루어지곤 합니다.

그런데 새로운 종이 갑자기 들어오면 잡아먹는 생물과 먹히는 생물 또는 기생 생물과 숙주 사이의 평형 상태가 깨져 버립니다. 특히 작은 섬에서는 이렇게 새로 들어온

생물로 말미암아 균형이 깨지는 바람에 잡아먹히거나 병에 걸려서 사라지는 생물이 많이 있습니다.

사람은 어느 한 곳에 가만히 있지 못하는 이동성 동물입니다. 그러므로 곳곳을 휘젓고 다니면서 갖가지 포식 생물, 해충, 기생 생물을 옮깁니다.

이런 행동이 곧바로 어느 생물 종을 사라지게 만들지는 않더라도, 해충이나 포식 생물로 말미암아 작물 손실이 일어난다든지 하여 경제적인 문제를 일으킬 수 있습니다. 병충해를 일으킨다든지 하는 겁니다.

미국 캘리포니아 주에서는 사람이 여러 생물 종을 들여왔는데, 그로 말미암아 연안의 물고기에 많은 문제가 생겼습니다. 흔히 잡종이 되기 쉬운 생물끼리는 서로 가까운 위치에서 살아가지만, 생물에 따라서는 자신과 아주 비슷한 생물을 유전적으로 압도하여 없애 버리는 것도 있습니다. 캘리포니아 연안의 물고기 중에서 몇 종은 그 통에 사라졌어요.

사람이 기르려고 들여온 동물에 덩달아 묻어서 오는 생물도 있습니다. 오스트레일리아 북부에서는 물소를 들여왔는데, 그 때 쇠똥 속에서 자라 소의 피를 빨아먹고 사는 쇠파리가 함께 묻어 왔습니다.

오스트레일리아에서 사는 말똥풍뎅이는 캥거루, 코알라, 오리너구리, 주머니두더지 같은 유대류의 작은 똥에만 익숙해진 나머지 물소의 큰 똥덩어리를 붙잡을 수가 없었습니다. 말똥풍뎅이는 살아가는 데 불리하게 되었지요.

토박이 말똥풍뎅이가 힘을 쓰지 못하자 그 틈에 쇠파리는 아무 방해도 받지 않고 부쩍 늘어났습니다. 할 수 없이 사람은 쇠파리 피해를 줄이려고 아프리카 산 말똥풍뎅이를 들여와서 자연 조절이 이루어지도록 만들었습니다.

때로는 새로 들어온 생물이 매우 빠르게 번성하여 원래

의 환경을 변화시키고서 스스로 파멸의 길을 걷기도 합니다. 처음에는 미처 경쟁자나 포식 생물이 자리잡지 못한 상태여서 수가 빨리 불어날 수 있지요. 그렇게 되면 생태계의 균형이 흔들리고 자신도 위험하게 됩니다. 1891년부터 10년 동안 알래스카에서는 스칸디나비아 반도에서 순록을 들여왔습니다. 이윽고 알래스카에서는 스칸디나비아 반도에서 온 순록이 에스키모에게 새로운 자원이 되었습니다. 순록은 새로운 환경에서 짧은 기간에 150만 마리 이상으로 불어났습니다.

불어난 순록 떼는 겨울 동안 먹어야 할 이끼를 겨울 전에 마구 먹어 치웠어요. 그로 말미암아 먹이가 모자라서 많은 순록이 죽었고, 1950년에는 번성하던 때의 20분의 1도 채 남지 않게 되었습니다.

도입된 생물 종이 집단의 번식 속도를 환경에 맞추어 조절하지 못하면 이와 같은 일이 생깁니다. 순록의 수는 사람이 조절하기도 합니다. 스칸디나비아 반도 북단의 랩 족은 순록을 따라다니면서 그 수가 너무 늘어나지 않도록 조절합니다.

최소 위험 크기

생태계의 발달 초기에 번성하는 생물과 발달 후기에 번성하는 생물은 멸종 위험에 처했을 때 멸종하는 방식이 다릅니다.

생태계의 발달 초기에 번성하는 생물은 증가율이 높고 임신 기간이 짧으며 빠른 시간 안에 새끼를 낳으므로, 새로운 환경에 재빠르게 대응하는 능력과 자신이 사는 장소를 일시적으로 이용하는 능력이 있습니다. 그러나 생물 집단 자체는 불안정하여 환경을 지나치게 이용함으로써 결국 멸종하게 됩니다.

오늘날 멸종 위기에 처한 많은 생물 종은 생태계의 발달 후기에 번성하는 생물입니다. 이들은 안정된 환경에서 살아가는데, 수명이 길고 새끼는 적게 낳는데다 태어나서 오랜 시간이 지나야 새끼를 낳을 수 있는 능력이 생깁니다.

태어나는 수가 죽는 수를 뒤따르지 못하면 그 생물 종은 이윽고 멸종합니다. 생물 집단의 크기를 안정 속에 유지하려면 출생률이 사망률보다 조금 높아야 합니다.

생물 집단의 크기는 적어도 출생률을 사망률보다 높게 유지할 수 있어야 합니다. 생물 집단을 유지할 수 있는 최소한의 크기를 '최소 위험 크기'라고 합니다. 오늘날 멸종 위기에 처한 생물 중에는 최소 위험 크기보다 적은 집단을 이루고 있는 것이 여러 종이어서 안타까워요.

생태계에서 집단을 이루고 있는 어느 생물의 수가 최소 위험 크기 이상이어야 그 생물 집단은 유지될 수 있습니다. 최소 위험 크기보다 생물의 수가 줄어들면 그 집단이 무너지면서 결국 그 종은 사라지고 맙니다.

1800년대 중반에 미국 쪽에는 장거리를 날아다니는 북아메리카 산 비둘기가 상당히 많았습니다. 1871년에 위스콘신 주 중부에서는 1억 3600만 마리쯤 되는 비둘기를 확인한 다음, 먹이와 스포츠용으로 수백만 마리를 사냥하였습니다.

그로부터 7년쯤 지났을 때 생태계 보호에 관심이 있는 몇몇 사람은 비둘기가 사라질 위기에 처하였음을 깨달았지만, 법을 만들거나 하여 비둘기 사냥을 막지는 않았습니다. 결국 비둘기는 수천 마리로 줄어들어 버렸습니다. 북아메리카 산 비둘기는 워낙 느리게 번식했으므로 결국 사라지고 말았습니다.

어느 종이 사라지지 않으려면 그 생물 집단은 언제나 최소 위험 크기 이상을 유지하고 있어야 합니다. 북아메리카

산 비둘기는 사람이 마구 잡아죽이며 집단을 최소 위험 크기 이하로 끌어내려 멸종된 새입니다.

생태계에서는 환경 요소 중에서 몇 가지가 갑작스럽게 변하는 수가 있습니다. 그런데 여기에 적응하지 못하여 최소 위험 크기에 이르는 생물 종도 더러 나타납니다.

사람은 도시를 세우거나 길을 내면서 생물의 서식처를 파괴하고 환경을 오염시킵니다. 산의 나무를 함부로 베어 내거나 가축을 잔뜩 놓아 기르는 것도 생태계의 균형을 깨뜨리는 짓입니다.

오늘날 지구 생태계의 말썽꾼은 바로 사람이에요. 사람은 제 필요에 따라 생물을 잡아죽일 뿐 아니라, 별다른 생각 없이 하는 행동으로 생물을 영영 사라지게 만들곤 합니다.

생태계에 섬이 많아지고 있어요

생태학에서는 산꼭대기나 호수처럼 주변 환경과 잘 연결되지 않는 생태계를 흔히 '섬'이라고 표현합니다. 생물의 서식지가 고립되어 있어서 생긴 표현이므로 '서식지의 섬'이라고도 합니다.

작고 고립되어 있는 생태계인 섬은 면적이 좁아 환경의 저항을 빨리 받습니다. 그러므로 그 곳에서 사는 종이 다른 종으로 바뀌어 가는 속도가 빠릅니다.

섬같이 고립된 생태계에서는 생태계의 규모가 작을수록 어느 한 생물 종이 유지되는 기간이 짧으며 빠르게 다른 종으로 바뀝니다. 그런데 생태학적인 섬이 자꾸 만들어지고 있어요.

거대한 농장을 경계로 양쪽으로 나누어진 섬, 도시나 도로에 의하여 나누어진 섬, 공장 지대에 의하여 나누어진 섬 따위는 모두 사람이 만들어 낸 섬입니다. 더욱이 사람이 자꾸 그 섬마저 점점 더 작은 섬으로 쪼개고 있습니다.

도시라는 이름의 바다가 날로 커지면서 거기에 에워싸인 섬이 야생 생물의 마지막 서식처가 되고 있는 실정입니다. 흔히 그 섬은 작은데다가 그나마 더 쪼개지려고 하여 온전할 수가 없습니다. 더구나 그 섬에는 사람이 변형시켜 놓은 생물이 점점 많아지고 있습니다.

서식처가 줄어들면 생물 종은 환경의 압력을 받게 됩니다. 생태계가 일정한 넓이에 받아들일 수 있는 것보다 생물이 많으면, 생물은 환경의 거센 저항을 받습니다. 그러므로 생물의 멸종 속도가 빨라질 수밖에 없습니다.

생태학적인 섬에서 사는 적은 수의 생물은 환경에 대한 적응력이 떨어지면서 이윽고 사라지기 일쑤입니다. 섬의 규모가 작을수록 환경에 대한 생물의 적응력은 떨어지고, 따라서 멸종률은 높아집니다.

좁은 섬에서 사는 종은 넓은 곳에서 사는 종보다 태풍이나 가뭄, 추위 따위에 큰 해를 입습니다. 아울러 먹이와 공간을 놓고 벌이는 경쟁이 많으며 짝을 찾기도 한결 어렵습니다.

섬과 섬 사이에 인공 환경이 들어서고 각 섬이 고립될수록 종의 발달은 다른 방향으로 일어나기 일쑤입니다. 또 그 와중에 많은 종이 사라지므로 종의 단순화가 이어져서 생태계가 불안정해집니다.

　사람은 섬을 더 작게 쪼개 들어오면서 야생 생물을 멸종의 구렁텅이로 내몰고 있습니다. 이것은 오늘날 사람이 야생 생물을 멸종시키는 가장 흔한 방법입니다.

　중국에서는 팬더가 사라질 위기에 놓였어요. 지난 수십 년 사이에 서식지가 많이 파괴된 탓입니다.

　옛날에는 팬더의 서식지가 넓었고, 자연 생태계 안에서 죽 이어져 있었습니다. 그러나 사람이 나무를 마구 베어 내고 개발을 하는 바람에 서식지가 쪼개지면서 점점 더 작은 섬이 되어 갔습니다.

　팬더는 나무가 베어진 곳이나 경작지를 가로질러 이웃 서식지로 가는 일이 거의 없어요. 배가 고파서 먹이를 찾아다니다가도 사람의 손길이 닿은 흔적이 뚜렷한 곳이 나오면 그 장소를 가로지르지 못합니다. 그래서 눈앞에 먹이인 대나무를 잔뜩 두고도 굶어 죽는 팬더가 적지 않습니다.

　섬에 갇힌 팬더는 몇 군데 세력권 안에서 고립된 채로 살 수밖에 없습니다. 그대로 두면 지구에서 곧 팬더가 사라질 것은 뻔한 일이었습니다.

　중국에서는 팬더가 조금밖에 남지 않자 그제서야 부랴

 부랴 대책을 세웠습니다. 그 중의 한 가지가 팬더의 고립을 막기 위하여 섬과 섬을 잇는 방안이었습니다. 서로 떨어져 있는 서식지를 넓이 500미터의 자연 식물 지대로 이어서 팬더가 다닐 수 있도록 만들기로 한 것입니다.
 이처럼 섬과 섬을 이어 주는 것은 생물의 멸종을 막는

좋은 방법입니다. 섬끼리 연결되어 서식지가 넓어지면 생물은 먹이나 피난처를 구하는 데 힘이 덜 들고 짝을 찾기도 수월해집니다.

생태학적인 섬과 섬을 이어서 야생 생물의 서식지를 넓히는 것은 미국의 로스앤젤레스 근교에서 사슴을 보호하는 방법으로도 시도되고 있습니다. 고속 도로가 건설되면 그 도로에 막혀서 사슴이 다닐 수가 없게 되므로, 고속 도로 밑으로 사슴이 다닐 수 있도록 지하 터널을 만들어 사슴의 서식지가 고립되는 것을 막는다는 계획입니다.

이와 같이 섬을 잇는 것은 자연 생태계에서 생물의 서식지가 자꾸 작은 섬으로 나뉘는 현상을 막고 공간을 넓혀 주어 종이 빠르게 멸종하는 것을 막는 바람직한 방법입니다. 이 방법을 쓰면 인공 환경의 건설로 말미암아 자연 생태계가 파괴되는 일이 한결 줄어 결국 우리가 받을 위협도 줄게 됩니다.

생물 상호의 작용으로 생물이 사라지는 일은 자연 생태계에서는 드뭅니다. 그러나 작은 섬과 같은 좁은 생태계에서는 이런 일이 종종 일어나고 있습니다.

야생 동물은 차량이나 공장에서 나는 소리 때문에 혼란에 빠지곤 합니다. 사람이 활동하면서 내는 갖가지 소음은 동물 사이의 의사 소통을 방해하는 수가 많습니다. 그로 말미암아 야생 동물은 짝을 구하기가 어려워지고 먹이나 피난처를 찾기도 어려워져서 살아가는 데 위협을 받습니다.

바닷가에서 사는 여러 동물은 소리를 잘 듣지 못한다고 합니다. 수많은 배에서 나오는 소음, 석유를 시추하는 곳에서 나오는 굴착기 소음 따위가 의사 소통을 가로막는 것입니다.

특히 사막 생태계에 모터 사이클과 사막 횡단용 차량이 늘어나자 많은 동물이 거기에 치여 죽어 가고 있대요. 그러잖아도 사막 생태계는 워낙 파괴되기 쉬운 곳인데 걱정스럽습니다.

교통량이 늘어나고 차량 속도가 빨라지고 도로의 폭이 넓어지면서 야생 생물의 피해는 더욱 커지고 있습니다. 우리 나라에서도 차에 치이거나 하여 죽는 야생 생물이 꽤 됩니다.

생물 종을 보존하려면 야생종의 서식지를 되도록 넓게 남겨 두는 것이 좋습니다. 서식지가 넓어야 많은 수의 생물을 받아들일 수 있으니까요.

또 각 서식지를 되도록 맞닿게 해서 서식지끼리 서로 근

원지 구실을 하도록 만들어야 합니다. 이렇게 하면 생물은 자신이 원하는 환경으로 더 빨리 이동할 수 있으므로 안정된 생태계를 이루는 데 도움을 주며 종의 수도 많아집니다.

자연 생태계에 인공 환경이 들어서는 것을 무턱대고 막을 수는 없습니다. 다만 인공 환경을 만들 때 서식지의 섬을 자연 식물로 연결시킨다든지 하여 생물이 살아가는 공간을 함부로 가르지 말아야 합니다. 이렇게 하는 것은 생태계 파괴로 말미암아 우리가 입게 될 해를 막는 가장 기본적인 방법입니다.

생물 종을 보존합시다

 왜 생태계에서 종을 보존해야 할까요? 야생종이 사라지고 그 자리를 사람이 길들인 생물이 차지한다면 어떻게 될까요?

 생물 종이 줄어들면 환경이 단순해지고, 단순한 환경은 생태계를 불안정하게 만듭니다. 그렇게 되면 그 생태계는 환경에 제대로 대응할 수 없습니다. 그것은 곧 생태계의 파괴를 뜻합니다.

 사람이 만들어 내는 오염 물질로 말미암아 지구 생태계 전체의 환경이 나빠지고 있어서 걱정스럽습니다. 이대로 나가다가는 어느 날 갑자기 지구 생태계에 큰 문제가 생기지 말라는 법도 없습니다.

 우리 주변의 환경은 빠른 속도로 변하고 있습니다. 대기 중에 이산화탄소를 비롯한 온실 가스의 농도가 높아져서 지구의 온도가 올라가고 있으며, 오존층에 난 구멍이 점점 넓어지고 있습니다. 오존층은 지구 생태계를 보호하는 막인 셈인데 정말 큰일입니다. 흙의 성질도 바뀌고 있어요.

　오늘날 지구에는 멸종 위기에 놓인 생물이 많습니다. 동물원이나 보호 구역에 있더라도 생물 집단의 활동력과 생산력이 떨어지면 그 생물은 멸종하기 쉽습니다. 우리는 생물 집단이 최소 위험 크기 이하로 줄어들면 멸종 위기에 처하게 된다는 것을 알아야 합니다.

　야생 생물은 이제껏 사람에게 여러 가지를 주었고, 앞으로도 줄 것입니다. 우리는 야생 생물에게 고마운 마음을 가져야 합니다.

　사람은 생물한테서 화장품 원료를 뽑아 내고 약품 원료를 얻습니다. 지렁이처럼 하찮아 보이는 생물도 사람의 몸 속에서 피가 뭉치는 것을 막는 데 쓰는 의약품의 원료로 씁니다.

　4000종이 넘는 식물이 한약재로 쓰이고 있습니다. 미국에서 나오는 치료약 중에 5분의 2가 동식물에서 뽑아 낸 물질을 담고 있습니다.

　환경이 빨리 변하다 보면 예측하지 못한 질병이 생기기 쉽습니다. 유전 공학을 이용하면 자연계의 하찮아 보이는 생물 종에서도 치료약을 얻을 수 있습니다. 그러므로 우리는 병균을 제외한 자연계의 모든 생물 종을 보존하도록 힘

써야 합니다.

사람은 해충에 잘 견디는 야생 식물을 이용하여 농작물을 개량할 수 있습니다. 자연 생태계에는 잘 자라는 식물, 추운 곳에서 잘 자라는 식물도 적지 않습니다. 이런 식물의 유전자를 이용하면 환경에 적절한 농작물을 얻을 수 있습니다.

생물 종의 수가 줄어들면서 농작물과 가축을 보호하고 개량하는 데 필요한 유전자 자원도 줄어들고 있습니다. 유전자 자원은 여러 가지 의약품이나 공업 제품의 원료가 될 뿐 아니라, 해충이나 전염병에 대한 적응력을 높이는 데에도 꼭 필요합니다.

종을 다양하게 유지하여 다양한 유전자를 얻게 되면 경제 발전과 식량의 안정 공급, 섬유류와 의약품 공급의 기반이 됩니다. 수확량이 많고 품질도 좋으면서 병충해에 강한 농작물을 만들어 낸 것은 농업 부문에서 거둔 가장 큰 성과인데, 여기에 필요한 유전자는 야생 생물한테서 얻은 것입니다.

사람은 먹기만 하고 살아가는 생물이 아니에요. 사람한테는 특히 정서가 중요합니다. 그렇지만 콘크리트 건물 안에서 비디오를 보거나 음악을 듣는다고 정서에 큰 보탬이 되기도 어렵습니다.

자연 생태계를 구성하고 있는 하나의 생물임을 느끼며 자연과 함께 나누는 호흡은 우리의 삶에 크나큰 활력을 불어넣어 줍니다. 풀 한 포기, 지저귀는 새 한 마리도 우리에게 기쁨을 줍니다.

생물 종을 보존하기 위한 대책

종을 보존하려면 어떤 방법이 좋을까요?

먼저 눈을 넓힙니다. 말하자면 좁은 범위의 생태계보다는 넓은 범위의 생태계를 중심에 놓고 대책을 세우는 것이 바람직합니다.

그에 따라 멸종 위기에 처한 생물 종을 목록에 올립니다. 이어서 그 종의 최소 위험 크기는 얼마이고, 현재 집단을 이루고 있는 수는 얼마나 되는지를 조사합니다.

조사 결과를 바탕으로 종의 보호에 알맞은 방법을 선택합니다. 현재의 서식지를 보호하는 것으로 그칠지, 아니면 서식지를 넓혀 줄 것인지를 결정합니다.

멸종 위기에 놓인 생물 종한테 부족한 자원을 제공하는 방법도 있습니다.

멸종 위기에 놓인 생물 종 중에는 지구 전체 차원에서 보존할 만한 가치가 있는 것도 적지 않습니다. 이런 생물의 서식지는 보호 구역으로 설정하여 그 수와 집단을 늘리는 것이 좋습니다.

 희귀종이 살고 있는 개발 도상국이나 후진국에 대한 재정 원조와 기술 지원 방안도 세워야 합니다. 가능하다면 희귀종은 인공 번식이라도 시켜서 사라지는 것을 막아야 합니다.

 팬더의 경우에는 임신 가능한 기간이 1년에 며칠밖에 되지 않아 번식률이 매우 낮습니다. 자칫 사망률이 출생률보다 높아질 가능성도 있습니다. 그래서 보호 구역에 있는 사육 센터에서 인공 번식을 시켜 자연 생태계로 보내려는 계획이 진행 중입니다.

 세계 여러 나라가 특정한 생물을 보호하는 까닭은 여러 가지입니다. 이를테면 인도에서는 종교적인 이유로 소를 신성하게 여겨요.

 이 밖에 자연 경관을 지키려고 생물을 보호하는 나라도 많고, 학문적인 가치가 있는 종을 특별히 보호하는 나라도 많습니다.

 우리 나라에서는 자연 공원 제도를 만들어 아름다운 자

연 경관을 지킵니다. 또 학문적인 가치가 높은 동식물과 지질 또는 광물은 천연 기념물로 지정하여 보호합니다. 법으로 자연 녹지 지구를 지정하여 숲과 새를 보호하기도 합니다.

1992년에 브라질의 리우데자네이루에서는 세계 여러 나라의 대표가 모여 지구 환경 회의를 열었습니다. 이 환경 회의에서는 특히 두 가지가 강조되었습니다. 지구의 온난화를 막기 위한 대책과 생물의 다양성을 지키기 위한 방안이 그것입니다.

비록 경제적인 이유로 나라에 따라 입장이 조금씩 달라 뚜렷한 합의에는 이르지 못하였지만, 이 회의를 통하여 생물의 다양성이 지켜져야 한다는 인식이 널리 퍼진 것은 그나마 다행이에요.

리우 회의가 열리면서 지구의 수많은 사람은 새삼스럽게 환경 보전과 생태계 보호의 중요성을 마음에 새긴 셈이지요. 우리는 자연과 함께 사는 환경을 만들어야 합니다. 특히 야생 생물이 종족을 보호할 수 있도록 지켜 주어야 합니다. 사람 또한 지구 생태계의 일원이라는 것을 잊어서는 안 됩니다.

자연 생태계를 보호하고 사라져 가는 생물 종을 보존하

려고 애쓸 때, 비로소 사람이 지구 역사에서 잠깐 사이에 사라지고 마는 것을 스스로 막을 수 있습니다. 자연을 잘 지키는 것이야말로 사람의 앞날을 밝히는 일입니다.

제 2부 재미있는 실험

첫번째 실험

생태계는 한계가 있습니다

우리의 생태계에는 먹이와 공간이 무한하게 주어지지 않기 때문에 계속해서 많은 생물이 자랄 수가 없습니다. 생물의 수는 환경이 허락할 수 있는 한계를 넘어설 만큼 많아지지 못하며, 만일 그 한계를 벗어나면 생명의 위험을 받게 됩니다. 그래서 많은 수가 죽게 됩니다.

준비물
▷ 유리병
▷ 유리 그릇 두 개
▷ 집게나 젓가락
▷ 모눈 종이
▷ 연필
▷ 비료 약간

실험 방법
1. 연못이나 호수, 논에 고인 물이나 웅덩이의 물에 떠 있는 개구리밥을 물과 함께 유리병에 담아 옵니다.
2. 두 개의 유리 그릇에 물과 약간의 비료를 넣고 개구리밥을 집게나 젓가락으로 5개 정도씩 세어 넣습니다.
3. 햇빛이 잘 드는 창가에 놓아 둡니다.

4. 모눈종이의 가로줄에 날짜를 표시하고, 세로줄에 개구리밥의 수를 점으로 표시합니다.

5. 3일 간격으로 개구리밥의 수를 세어 모눈 종이에 표시합니다.

6. 3주일 정도 지나면 유리 그릇에 개구리밥이 꽉 찰 것입니다. 제일 많아졌을 때의 수를 셉니다.

7. 제일 많아진 다음 1주일 후까지 개구리밥의 수를 셉니다. 수가 줄더라도 계속 3일마다 개구리밥의 수를 세어 표시합니다.

8. 모눈종이에 표시된 개구리밥의 수를 줄로 이어 봅시다.

결과를 어떻게 생각하세요?

개구리밥의 수는 처음에는 조금씩 늘어나다가 어느 시기에는 갑자기 불어납니다. 그리고 제일 많아진 다음에는 수가 줄어들게 됩니다. 죽는 개구리밥이 점점 늘어납니다. 그리고 건강한 개구리밥의 숫자는 줄어듭니다.

제일 많아졌을 때의 개구리밥의 수는 유리 그릇이라는 주어진 공간이 포함할 수 있는 최대값입니다. 유리 그릇이라는 환경이 개구리밥을 포함할 수 있는 한계 능력이 되는 것이지요.

한계를 넘어서면 개구리밥은 살기가 아주 힘들어집니다. 살 공간이 부족하고, 양분이 부족하고, 햇빛을 받기가 힘이 들어 각자 살기 위한 경쟁이 심해지며, 대사 노폐물이 쌓이게 되어 환경이 매우 나빠집니다. 개구리밥으로 말하자면 재난이 닥친 셈입니다.

우리의 지구도 살 수 있는 공간이 한정되어 있습니다. 더구나 살기 좋은 곳에는 너무 많은 사람이 모여 들고 있습니다. 인구가 늘어나는 숫자를 스스로 줄이지 않으면 유리 그릇의 개구리밥처럼 많은 사람이 병들고 죽게 됩니다.

이디오피아나 나이지리아와 같은 저개발 국가에서 일어나고 있는 재난들은 그 국가가 가진 식량이나 생활 조건들보다 많은 수의 사람들 때문입니다. 그래서 환경은 더욱 거칠어져 못쓰게 되고, 사람들은 영양 실조와 여러 가지 질병에 시달리면서 굶어죽어 가고 있는 것입니다.

우리의 지구는 무한한 것이 아닙니다. 인구 증가를 조절하여 적당한 수의 사람들이 여유롭고 편안하고 건강한 생활을 할 수 있도록 해야겠습니다.

두번째 실험 2

생물은 사람의 간섭을 싫어해요

지구 생태계에 생물 종이 줄어들고 있습니다. 그것은 지구가 불안정해지는 것을 말합니다. 사람들의 손길이 닿지 않는 곳과 사람들의 간섭이 심한 곳의 생물 종의 수를 비교해 봅시다.

준비물
▷ 30cm 정도의 막대기 4개
▷ 연필과 종이

실험 방법
1. 사람들이 자주 오고가는 길이나 산길 주변의 풀밭에 막대기 4개를 정사각형 모양으로 놓고 그 안에 몇 종류의 풀이 있는지를 적습니다. 같은 방법으로 장소를 바꾸면서 적어도 20번을 되풀이합니다.

2. 사람들의 손길이 닿지 않는 삼림이나 풀밭에서도 같은 방법으로 20번을 되풀이하여 사각형 안의 식물의 종류가 몇 종류인지를 적습니다.

3. 사람들이 많이 오간 곳과 그렇지 않은 곳 두 그룹에서 각각 전체 생물 종의 수를 적고, 각 사각형 안에서의 식물 종류의 평

균 수를 적어 비교합니다.

결과를 어떻게 생각하세요?

　사람들의 간섭이 심하면 심할수록 생물들은 점점 살기가 힘들어집니다. 바뀐 환경에 잘 적응하는 생물을 제외하고는 야생 생물의 숫자가 많이 줄어들게 됩니다.

　생물의 종류가 많다면 환경이 갑자기 나빠진다 하더라도 그 중에서 적응력이 강한 생물이 살아 남아 생태계를 안정되게 이끌고 원래의 상태로 되돌아가는 힘이 있습니다.

　그러나 생물의 종류가 적다면, 변화된 환경에 적응하지 못할 경우 생태계는 무너지고 맙니다. 아주 불안정해지는 것이지요. 특히 사람들이 만들어 놓은 잔디밭 같은 곳에서는 환경의 변화에 대한 적응력이 매우 떨어집니다.

　지금, 환경은 매우 빠르게 바뀌고 있습니다. 우리의 생태계가 안정되기 위해서는 야생 생물을 되도록 모두 보존하여야 하겠습니다.

세번째 실험

흙을 파괴시키면 우리가 피해를 입습니다

흙 속의 많은 미생물은 죽은 생물들이나 쓰레기를 부수어 자연계로 되돌려 보냅니다. 그 결과 자연 생태계는 깨끗하게 청소되는 셈이고, 미생물이 바꾸어 놓은 무기물은 식물에게 양분이 됩니다. 기름진 흙에는 미생물이 많아 왕성하게 유기물을 부수고 있습니다.

준비물
▷ 비닐 봉지 4개
▷ 작은 깡통이나 작은 삽 1개
▷ 매직펜
▷ 저울
▷ 뚜껑 있는 병 4개
▷ 이름표로 사용할 테이프 4조각
▷ 현미경용 슬라이드와 덮개 유리
▷ 현미경
▷ 스포이드

실험 방법
1. 사람들이 자주 오고가는 길가의 흙을 작은 깡통이나 작은 삽으로 퍼서 비닐 봉투에 넣어 묶은 후 매직펜으로 장소를 적습

니다. 다시 한 번 같은 방법으로 길가의 흙을 담습니다.
2. 산 속 나무 밑의 검은 흙을 비닐 봉투에 넣은 후 매직펜으로 장소를 적습니다. 같은 방법으로 한 번 더 흙을 담습니다.
3. 4개의 장소에서 얻은 흙 표본을 저울로 100g씩 달아 뚜껑 있는 병 속에 넣고 이름표를 붙입니다.
4. 흙의 두 배 정도 되는 물을 똑같은 양으로 4개 병 속에 채웁니다.
5. 병 뚜껑을 닫은 후 10번씩 힘껏 흔들어 줍니다.
6. 5분쯤 가만히 놓아 두고 흙탕물이 가라앉기를 기다립니다.
7. 스포이드로 물을 떠서 슬라이드 위에 한 방울 떨어뜨린 후 덮개 유리로 덮습니다.
8. 현미경으로 미생물의 수를 비교해 봅니다.

결과를 어떻게 생각하세요?

삼림에는 상당히 많은 미생물들이 죽은 생물이나 찌꺼기 등을 부수면서 자기가 살아가는 데 필요한 먹이로 삼고 있습니다.

사람들이 오고가는 길에 있는 흙은 메마르고 거칠어서 미생물이 별로 없습니다. 양분이 많은 것도 아닙니다.

단단한 나무 껍질이나 동물의 뼈와 같은 것은 동물들이 먹지도 못하지만 먹더라도 소화시키지 못합니다. 그러한 물질들이 부서지지 못하고 계속 쌓이게 되면 생태계는 아주 더러워지고 생물들이 살아가기가 나쁠 것입니다. 다행히도 수많은 미생물들은 부수는 일에 참여하면서 생태계를 깨끗이 청소해 주고 있습니다.

 미생물들이 많이 살고 있는 흙은 매우 기름진 흙입니다. 흙 속에 많은 양분이 있기 때문에 식물들이 잘 자랍니다. 따라서 생태계는 안정되어 있습니다.

 안정된 생태계를 이루기 위해서도 흙은 잘 보존되어야 하며, 그 속의 미생물도 잘살 수 있는 환경이 만들어져야 합니다.

네번째 실험

흙 속에도 생물이 많이 있어요

흙을 기름지게 만드는 데는 미생물뿐 아니라 활발히 움직이는 작은 동물들이 참여합니다. 진드기·거미·딱정벌레·지렁이들은 큰 가지나 잎과 같은 것을 잘게 잘라 놓습니다. 이렇게 작은 동물들이 잘라 놓은 물질들을 세균이나 곰팡이와 같은 미생물들이 분해하는 것입니다. 분해자의 역할을 하는 작은 동물들이 많이 있는 곳은 기름진 땅입니다.

준비물
▷ 비닐 봉지 3개
▷ 작은 삽 1개
▷ 매직펜
▷ 자 또는 막대기 4개
▷ 냄비

실험 방법
1. 나무가 우거지고 낙엽이 남아 있는 산에 갑니다.
2. 낙엽 위에 길이가 10cm인 자 또는 막대기 4개를 정사각형 모양으로 놓습니다.
3. 사각형 안의 낙엽과 흙을 모두 작은 삽으로 긁어 비닐 봉지에 담은 후 매직펜으로 장소를 표시합니다. 색깔이 다른 흙이

나올 때까지 검은 색의 표면의 흙을 담는 것입니다. 그 깊이는 보통 5cm 정도로 얕습니다.

4. 같은 방법으로 장소를 바꾸어 세 번 되풀이합니다.
5. 채집해 온 낙엽과 흙을 50℃ 정도의 따뜻한 물이 든 냄비에 넣고 천천히 젓습니다.
6. 위에 떠오른 동물들을 건져 냅니다.
7. 100㎠ 안에 몇마리의 작은 토양 동물이 살고 있는가를 계산해 줍니다.

결과를 어떻게 생각하세요?

　울창한 숲에는 흙 속에 아주 많은 동물들이 살면서 땅을 기름지게 만들고 식물에게 양분을 주고 있습니다. 우리가 산에 가면 눈에 보이는 식물들과 동물들만을 생각하기 쉽지만, 숫자로 따지자면 흙 속에 훨씬 많은 수의 작은 동물들이 눈에 띄지도 않게 열심히 일하고 있습니다.

　생태계를 보호하는 일엔 이렇게 작은 동물들을 보호하는 일이 포함되어 있습니다. 흙을 함부로 뒤집어 엎고, 파헤쳐 놓는 일도 생태계를 파괴하는 일입니다.

　흙 속에서 안정되게 균형을 이루고 있던 생물들이 갑자기 환경이 변하게 되면 잘살 수가 없고, 쓰레기들은 분해되지 못한 채 쌓이게 되고, 양분이 부족하게 되어 식물이 잘 자라지 못하고, 그렇게 되면 동물들이 살기가 힘들어집니다.

　도시가 발달하고, 도로가 여기저기 만들어지고, 건물들이 들어서면서 흙은 자꾸 파헤쳐지고 있습니다. 이 모두가 생태계를 불안정하게 만드는 일이 됩니다. 인공 환경을 만들기 위해서 어쩔 수 없이 개발해야 되는 곳을 빼놓고는 흙조차도 아끼고 보호해야겠습니다.

다섯번째 실험

발달된 생태계는 우리를 보호해 줍니다

발달이 잘된 삼림은 커다란 나무들로 이루어져 있습니다. 그러한 곳은 생물의 종류도 많고 안정 되어 있습니다. 장마가 지거나, 심한 가뭄이 들거나, 태풍이 불어도 끄떡하지 않고 우리의 생태계를 보호해 줍니다. 발달이 잘된 삼림을 함부로 개발하는 일은 위험합니다.

준비물
▷ 줄자
▷ 길이 10m짜리 끈 4개
▷ 나무 막대기 4개
▷ 연필과 종이

실험 방법

1. 산에 가서 나무 막대기를 세우고 끈을 묶어 10m 움직인 다음 다시 나무 막대기를 박으면서 한 변의 길이가 10m인 커다란 사각형을 만듭니다.
2. 사각형 안에 있는 모든 나무의 둘레를 자기의 가슴 높이에서 잽니다.
3. 나무의 둘레를 모두 적습니다.
4. 이러한 일을 적어도 5번은 되풀이합니다.

5. 나무의 둘레를 넓이로 바꾸어 계산합니다. (이 때의 넓이란 자신 가슴 높이의 나무 단면의 원 넓이를 말하는 것입니다. 나무 둘레를 3.14로 나누고 다시 2로 나누면 원의 반지름을 알게 됩니다. 반지름에다 반지름을 곱해서 3.14를 곱하면 원의 넓이를 알게 되지요. 단위는 cm^2입니다.)

결과를 어떻게 생각하세요?

오래된 숲일수록 환경의 변화에 잘 견딥니다. 우리의 환경은 지금 빠르게 변화되고 있어 변화의 방향을 예측하기 힘듭니다.

발달 초기의 숲은 오래된 숲보다는 환경에 저항하는 힘이 약합니다. 개발을 해야 한다면 나무들이 울창한 곳은 피하는 것이 좋겠습니다.